일제침탈사 27
바로알기

광주·전남 지역

여기도
침략전쟁의 흔적이
그렇게 많아?

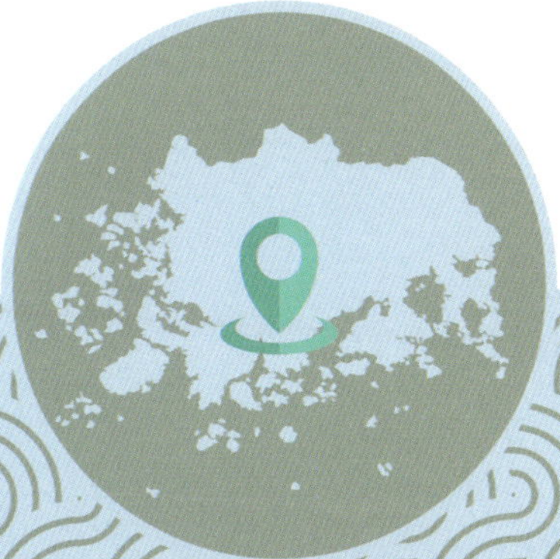

신주백 지음

동북아역사재단
NORTHEAST ASIAN HISTORY FOUNDATION

발간사

　일본이 한국을 침탈한 지 100년이 지나고 한국이 일본의 지배로부터 벗어난 지 70년이 넘었건만, 식민 지배에 대한 청산은 이루어지지 못하고 있습니다. 일본의 독도영유권 주장은 도를 넘어섰습니다. 일본은 일본군 '위안부', 강제동원 등 인적 수탈의 강제성도 인정하지 않고 있습니다. 일본군 '위안부'와 강제동원의 피해를 해결하는 방안을 놓고 한일 갈등은 최고조에 이르고 있습니다. 역사문제를 벗어나 무역분쟁, 안보위기 등 현실문제가 위기국면을 맞고 있습니다.

　한일 갈등은 식민 지배의 역사를 어떻게 볼 것인가 하는 역사 인식에서 기인합니다. 역사는 현재와 과거의 대화이며 이를 기반으로 미래로 나아갈 수 있습니다. 과거 침략의 역사를 미화하면서 평화로운 미래를 말하는 것은 불가능합니다. 식민 지배와 전쟁 발발의 책임을 인정하지 않고 반성하지 않으면 다시 군국주의가 부활할 수 있고 전쟁이 일어날 위험성도 배제할 수 없습니다. 미래지향적 한일관계를 형성하고 나아가 동아시아의 평화와 번영의 기틀을 조성하기 위해 일본은 식민 지배의 책임을 인정하고 그 청산을 위해 노력해야 할 것입니다.

　식민 지배의 역사를 청산하기 위해서는 식민 지배는 어떻게 이루어졌는지 그 실상을 명확하게 규명하는 일이 긴요합니다. 그동안 일본 제국주의에 맞서 조국의 독립을 위해 헌신한 독립운동가들의 활동을 찾아내고 역사적으로 평가하는 일에는 상당한 성과를 거두었습니다.

반면 일제 식민침탈의 구체적인 실상을 규명하는 일에는 충분한 노력을 기울이지 못했습니다. 제국주의가 식민지를 침탈했다는 것은 너무나 당연한 사실로 여겨졌기 때문에, 굳이 식민 지배에서 비롯된 수탈과 억압, 인권유린을 낱낱이 확인할 필요가 없었는지도 모릅니다. 그러는 사이 일본은 식민 지배가 오히려 한국에 은혜를 베푼 것이라고 미화하고, 참혹한 인권유린을 부인하는 역사부정의 인식을 보이는 데까지 이르고 있습니다. 일제의 통치와 침탈, 그리고 그 피해를 종합적으로 조사하고 편찬할 필요성이 여기에 있습니다.

일제침탈사를 체계적으로 정리하는 일은 개인이 감당하기 어렵습니다. 이에 우리 재단은 한국 학계의 힘을 모아 일제침탈사 편찬위원회를 꾸렸습니다. 편찬위원회가 중심이 되어 일제의 식민지 침탈사를 정치·경제·사회·문화 모든 방면에 걸쳐 체계적으로 집대성하기로 했습니다. 일제 식민침탈의 실체를 파악하기 위해 2020년부터 세 가지 방면으로 사업을 추진하고 있습니다. 하나는 〈일제침탈사 자료총서〉를 편찬하여 구체적이고 생생한 자료를 통해 일제침탈의 실상을 제공하는 일입니다. 다른 하나는 이들 자료를 바탕으로 연구한 결과물을 〈일제침탈사 연구총서〉로 간행하는 일입니다. 그리고 연구 결과를 대중이 이해하기 쉽게 정리하여 〈일제침탈사 교양총서〉를 '바로알기' 시리즈로 간행합니다. '바로알기' 시리즈는 우리 중학교, 고등학교 학생들도 어렵지 않게 읽을 수 있도록 제작했습니다. 오랫동안 학계에서 공부해 온 전문가 선생님들이 일제 침탈과 관련된 다양한 주제를 집필해 주셨습니다. 이해하기 쉽도록 해당 주제를 사안별로 나눠 집필해서 가독성을 높였고, 사진과 도표로 충분히 곁들였습니다. '바로알기' 시리즈를 통해 많은 시민과 학생들이 제국주의 일본의 한반도 침탈과 그로 인한 피해 실상을 바로 알 수 있게 되기를 바랍니다.

2023년
동북아역사재단 이사장

차례

발간사 • 2

1. 곳곳에 널려 있는 일본군 군사 유산과 한국 사회 • 6

2. 아시아·태평양전쟁과 식민지 조선에서의 전쟁 준비 • 17

3. 광주·전남 지역의 전략 가치와 일본군 분포 • 36

4. 광주권 • 46
   1) 광주 항공기지 • 46
   2) 해방 후 광주 항공기지와 현대사 • 62

5. 여수권 • 69
   1) 여수 요새 • 69
   2) 요새의 흔적들 • 75
   3) 해군 수상기기지의 역사와 흔적 • 79

6. 목포권 • 85
   1) 한반도 본토 결전의 연결점, 목포와 섬의 기지들 • 86
   2) 육군의 무안 1,2 비행장 • 95

7. 패전과 해방 - 일본으로, 집으로 • 103

참고문헌 • 107
찾아보기 • 108

1

곳곳에 널려 있는
일본군 군사 유산과 한국 사회

　한국의 주요 대도시인 서울, 인천, 대전, 대구, 울산, 부산, 광주 그리고 지역의 거점 도시인 평택, 수원, 군산, 고창, 목포와 연안의 섬들, 제주도, 여수 및 남해, 거제, 진해, 사천, 밀양, 포항 등지에는 일본군이 우리 선조들을 강제동원해 건설한 군사 시설물들이 지금도 남아 있다. 그것도 적지 않게 남아 있다. 이들 시설물은 일본의 침략과 지배에 관련된 부(負)의 유산(negative heritage)으로서 식민 유산 또는 군사 유산이라고 말할 수 있다.
　일본군의 수많은 군사 유산에 대해 '민족의 독립과 연관된 것도 아닌데 굳이 보존할 필요가 있는가, 차라리 없애는 편이 더 좋다'라고 말하는 이도 꽤 있다. 그만큼 한국 사회 내면에 부정적인 이미지가 강하게 남아 있어 웬만하면 철거하거나 훼손되어도 특별히 관리하지 않은 채 방치한 경우도 흔하다. 이와 다르게 주한 미군이나 한국군이 지금도 이용하고 있거나, 오랫동안 이용했다가 지자체에 반환한 시설(지)도 있다. 그러다 보니 접근 자체가 쉽지 않아 존재 자체도 모르거나 흔적이 미미하게 남아 사실상 잊혀진 경우도 있다.

사회의 이목을 끌기 시작하다

 그런데 21세기 들어 일본군 군사 유산에 대해 한국 사회의 관심이 급속히 높아가고 있다. 주한 미군과 한국군이 도심에 있는 군사 시설을 지자체에 반환하거나 반환을 계획하면서 (부)도심에 거대한 공간이 새로 생겨남에 따라 시민의 일상에 미치는 영향이 매우 크기 때문이다. 해당 도시에 거주하는 시민의 본격적인 관심은 도심에 있는 주한 미군기지가 이전하면서부터였다. 미국은 21세기에 접어들어 세계전략을 수정하며 주한 미군을 평택의 캠프 험프리스와 대구의 캠프 헨리를 중심으로 집결시켰다. 이에 따라 사용하지 않는 부지와 시설물 등을 지자체에 반환했거나 반환 절차를 진행중이다. 부산, 부평, 의정부, 춘천 등지에 그러한 땅이 있다. 서울의 용산도 조금씩 반환되고 있다.
 반환 부지의 대부분은 애초 도시 외곽에 위치했지만 도시가 발달하며 도심지나 부도심지의 일부로 되었다. 이 부지들은 반환되기 이전까지 시민의 일상과 무관하게 존재하는 외로운 섬 같은 곳이었다. 그뿐만 아니라 시민의 일상적인 이동성을 왜곡하는 곳이었다. 지자체가 반환받은 부지들은 '부대'가 주둔했던 곳으로 매우 넓다는 공통점이 있다. 그래서 어떻게 활용하느냐에 따라 각 도시의 공간 축을 바꾸어 놓을 수 있으며, 지역사회와 미래도시 건설에 지대한 영향을 미칠 수밖에 없다.

이에 해당 도시들의 주민 사이에 하늘에서 떨어진 노른자 땅의 활용 방법을 놓고 논란이 끊이지 않고 있다. 왜냐하면 1980년대까지는 도심에 넓은 땅이 생기면 아파트나 빌딩을 건설하는 접근 방식을 당연시한 분위기였지만, 1990년대 들어서는 공원화를 요구하는 목소리가 높아졌기 때문이다. 그래서 지금 상황을 매우 단순하고 거칠게 지금은 공원화냐 개발이냐를 놓고 논란에 휩싸여 있다. 2023년 현재, 개발을 강행하려는 인천광역시와 역사문화 및 녹지에 방점을 두려는 시민사회 단체의 갈등이 진행중인 부평의 캠프 마켓 부지에 대한 논란이 그 보기이다. 부산 시민공원과 용산 국가공원은 지역사회가 공원화에 합의하고 공원으로 조성·사용하는 와중에도 논란이 계속되고 있다. 두 곳에서 일어나는 논란의 공통된 핵심은 공원이 주는 혜택을 사적 이익으로 극대화하고자 공원 주변을 어떻게, 어느 정도 개발할 것인가, 아니면 공적 기능의 초점을 어디에 더 둘 것인가에 있다.

한국군이 반환한 곳에서도 비슷한 양상을 확인할 수 있다. 경상남도 거제에서는 지심도를 관광지로 개발하는 정책을 둘러싸고 여러 논란이 일고 있다. 이곳에는 일본군이 진해 해군기지를 보호하기 위해 건설한 군사 시설물이 남아 있다. 광복 후 한국군도 이곳의 군사적 가치를 인정하여 이 시설물을 사용하다 최근 거제시에 반환하였다. 거제시는 지심도 전체를 관광지로 개발하려 하였으나 시민사회단체들은 문화유산 보존을 주장하며 지자체 당국과 갈등을 벌이고 있다. 이에 비해 한국군이 사용하다가 1995년 반환한 광주광역시 상무지구는 별다른 논쟁 없이 부지 대부분이 개발되고, 일부만 5·18 역사공원으로 조성되었다.

그러나 공원화한 곳들은 대부분 1945년 전후의 역사적 현장성을 제대로 말해 주고 있지 않아 해당 장소가 갖는 의미를 시민이 적절하게 느끼지 못하고 있다. 달리 말하면 역사성을 고려하여 그 장소의 맥락을 살려냄으로써 도시의 품격과 문화적 깊이를 높이려는 노력을 게을리 해 왔다.

물론 노력의 흔적도 있다. 2014년 문을 연 부산 시민공원은 역사의 흔적을 많이 지워버렸지만 그래도 어느 정도 보존함으로써 장소의 역사성을 시민에게 알리려 한 측면도 있다. 또 역사성과 함께 장소의 특징을 효율적으로 활용한 곳도 있다. 수많은 동굴을 와인 저장고로 활용하고 있는 충청북도 영동군과 경상남도 김해시의 접근이 여기에 해당한다.

공원화를 시도한 경우와 달리 아예 개발로 방향을 잡고 발굴조사나 문헌조사도 생략한 채 역사 지우기를 한 곳도 있다. 대전시 서구와 부산시 남구 용호동에 있던 군사 유산은 거의 완벽하게 파괴되었다. 이때 생긴 넓은 땅은 개발되었다. 또 2005년 춘천시가 주한 미군으로부터 반환받은 춘천역 앞의 캠프 페이지는 장소의 현재성을 전혀 고려하지 않고 레고랜드로 개발되었다.

아무튼 반환한 부지를 둘러싼 논란의 큰 쟁점은 앞서도 언급했듯이 개발이냐 공원화냐로 단순화할 수 있다. 두 쟁점은 1990년대 들어 서울 용산기지 활용 방안을 둘러싼 논의가 본격화하며 뚜렷하게 형성되었다. 논란이 곳곳에서 일어나는 와중에 사회의 대세는 개발보다 군사 유산을 재활용하거나 공원화하는 쪽으로 자리를 잡아가고 있다. 한국 경제가 성장하고, 더는 군인이 정치에 나설 수 없는 정치적 민주화를 달성함에 따라, 타인을 의식하지 않고 소비 지향의 생활을 능동적이고 주체적으로 누리며, 개인의 삶에 충실하고 사회적 여유를 확보하려는 갈망이 공원화 방향을 더 좋게 보는 쪽으로 여론이 형성되었기 때문이다. 물론 개발 이익을 포장한 또 다른 현실론, 예를 들어 대규모 택지로 개발하여 주택 문제를 해소해야 한다는 명분 뒤에 숨어 부동산으로 폭리를 얻으려는 욕망이 강력하게 똬리를 틀고 있음을 부정할 수 없다. 하지만 어떤 개발론도 군사 유산의 흔적을 없애거나 훼손·방치하는 데 주저하지 않으면서 누가, 언제, 어떻게, 왜 그곳에 시설물을 만들었는지 알려고 하지 않는다는 공통점이 있다.

일본은 왜 그렇게 많은 군사 시설이 필요했을까?

한국 사회에서 기억하는 일본군 관련 시설은 서울의 용산, 대구, 부산, 진해 등지에 있던 군사 시설, 달리 말하면 1910년대 이전부터 일본군이 주둔했고, 주한 미군도 그곳을 오랫동안 사용한 장소다. 물론 드문 경우지만 제주도처럼 식민 유산으로 보존하며 관광지로 탈바꿈한 곳도 있다. 비행장이 있었던 광주, 대전, 대구, 부산 등지에는 일본군 보병 부대의 시설도 많이 남아 있다. 수원, 평택, 오산, 이리, 군산, 여수, 무안, 춘천, 강릉, 포항, 밀양, 영천, 울산, 김해, 사천 등지에는 식민지 시절 지어진 비행장의 흔적이 남아 있다. 이곳 중에는 지금도 민간뿐 아니라 한국군이나 미군이 사용하고 있는 시설도 있다. 그리고 비행장 주변에는 동굴, 격납고 등이 남아 있다. 또 항구 도시인 울산, 부산, 거제, 진해, 여수, 목포, 고창, 군산 등 남서해안에는 상당히 많은 동굴이 남아 있다. 그냥 수백 개라고 말하는 쪽이 편할 정도다.

그렇다면 대한민국에 남아 있는 일본군 시설 가운데 유독 비행장 관련 시설이나 해안가 동굴이 많은 이유는 무엇일까? 1941년 12월 일본이 말레이반도와 하와이 진주만을 기습하면서 일으킨 아시아·태평양전쟁과 깊은 연관이 있다. 물론 1910년 이전부터 일본군은 서울의 용산, 대구, 부산, 진해 등지에 넓은 땅을 차지하고 주둔했었다. 하지만 이후 새롭게 군사 주둔지가 건설된 곳은 압록강과 두만강의 국경선 일대 정도였다고 말해도 지나치지 않다. 아시아·태평양전쟁 초창기까지 그랬다. 식민지 조선은 격전지와 매우 멀리 떨어져 있었다. 그래서 일본은 식민지 조선에서 국경지대, 경부선과 경의선이 지나는 내륙 몇몇 도시에 부대 주둔지를 만들었다. 군대에 필요한 물자를 공급하고, 중국 대륙으로 병력을 수송하며, 노동력을 제공하는 곳으로 식민지 조선을 이용하였다.

일본군은 1943년 들어 여기저기에 비행장을 건설하거나 확장하기 시작하였다. 당시 일본군은 1942년 6월 미드웨이해전에서 미군에 패한 이후 태평양 전선에서 점차 밀리며 점령했던 섬들을 하나씩 내주고 있었다. 일본군 지휘부는 결정적 원인을 항공 전력의 열세로 꼽았다. 이에 따라 1943년 9월부터 비행기 생산을 확대하고, 비행장을 확장·신설하며, 1945년까지 많은 조종사와 항공 요원을 서둘러 양성할 계획을 추진하였다. 일본군은 식민지 조선에서도 비행장 시설을 확대하고 항공 요원 양성을 추진하기로 결정할 정도였다. 특히 대본영은 1945년 1월 일본 본토에서 미군과의 전투를 상정하는 전쟁계획, 달리 말하면 일본은 식민지 조선까지 본토의 일부로 간주하며 '본토 결전'을 준비하기로 결정하고 각종 군사 시설의 설치를 매우 급속하게 대규모로 추진하였다.

아시아·태평양전쟁에서 식민지 조선의 전략적 지위가 바뀜에 따라 식민지 조선의 군사 시설은 이전과 비교할 수 없을 정도로 많이 들어섰다. 병력만 10배 이상 늘어난 정도가 아니었다. 본토 결전을 감당할 수 있을 만큼 수많은 시설물이 짧은 시간에 건설되었다. 하지만 그 시설물들은 강제동원된 수많은 조선인의 피와 땀, 그리고 고통스러운 절규가 뒤섞인 결과물이었다. 지금도 고통의 시간을 기억하는 수많은 사람이 아픔과 슬픔을 이겨내며 진실을 외면하는 일본을 향해 소리치고 있다. 강제동원에서 현재의 외침까지를 기억하는 의무는 우리의 몫이다.

무엇이, 어느 정도 남아 있을까?

동굴은 군사 시설 건설에 동원된 조선인이 매우 괴로운 처지에 몰렸음을 보여주는 단적인 군사 유적이다. 그 흔적이 전국 곳곳에 가장 많이 남아 있다. 필자가 문화재청의 제안을 받아 2013년에 초보적인 현황을 파악한 결과에 따르면, 일본군 관련 군사 유적은 동굴의 입구만 10개가 확인된 울산에서부터 부산(오륙도, 가덕도, 동아대학교, 강서구 상덕로 등)-거제(가덕도, 지심도 등)-진해-마산-남해-여수-목포와 남서해안 섬들-고창-부안-군산 등지에 이르기까지 곳곳에 널려 있다. 당시 필자는 비행장의 탄약고와 유류고 등으로 활용된 동굴과 소형 함정의 주정(舟艇)기지로 활용된 동굴 등 다양한 용도의 동굴이 매우 많아 적잖이 놀랐다. 2014년과 2015년에도 문화재청의 조사가 이어지면서 초보적이지만 현황을 파악할 수 있는 기본 조사 보고서가 나와 문화재청 홈페이지에 공개되어 있다. 제주도 자체에서 조사한 일본군 유적(지)는 새삼 언급할 필요조차 없다.

내륙에 남아 있는 동굴들은 미군의 공중 폭격에 대비한 시설물로 비행장 관련 부속 시설인 경우가 대부분이다. 또 해안가와 여러 섬에 남아 있는 동굴은 미군의 상륙에 대비하여 서둘러 뚫다 광복과 동시에 중단된 곳이 많았다. 남아 있는 시설물들은 해안가에 방치되어 있거나(목포·고창), 한국전쟁의 아픔과 연관이 있어 사람들이 쉽게 접근하지 않고 침묵하거나 회피해 왔던 장소이며(군산·영동·여수), 한국군이나 주한 미군이 사용해 왔던 곳(진해·광주광역시·대구광역시)이었다.

남아 있는 동굴의 보존 상태를 보면, 한국군과 주한 미군이 주둔한 곳은 민간이 관리한 것에 비해 상대적으로 양호한 편이다. 역설이다. 광주광역시에 남아 있는 동굴들은 그러한 현실을 잘 보여준다. 2015년 필자는 일본 방위성에서 광주 항공기지 지도를 발굴하여 광주학생독립운동기념회관 부지에 있는 동굴이 일본군 비행장 관련 시설물임을 명확히 하였다. 지도에 따르면 일본 해군 소속 광주 비행기지의 탄약고 동굴은 4개였다. 한국군은 한국전쟁 때인 1952년부터 주한 미군에게서 항공기지의 부지와 시설물을 인계받아 육군 장교들의 병과 교육 장소인 상무대를 설치하고 훈련 시설로 활용하였다. 1994년 상무대가 이전하며 동굴은 사실상 방치되었다. 그러니 시설물의 역사에 관한 기초 사실이 전해지기를 기대하는 것 자체가 순진한 착각이었다. 방치된 세월은 어느덧 20여 년 흘러갔다. 그 사이 동굴 앞까지를 부지로 하는 광주학생독립운동기념회관이 신축되었다. 이에 따라 광주광역시 교육청은 광주학생독립운동기념회관 부지에 있는 3개의 동굴만이라도 누가, 언제, 무슨 목적으로 만들었는지 조사해 달라고 필자에게 요청하였다. 조사 결과 일본군 비행장 관련 시설물이라는 사실이 명쾌하게 밝혀졌다. 지금은 광주학생독립운동기념회관 측에서 필자의 조사 결과를 토대로 역사교육 시설로 활용하고 있다. 하지만 나머지 1개는 개인 소유지로 활용되다가 지금은 쓰레기 더미에 막혀 있다.

비행장도 상당히 많다. 오늘날 한국인이 이용하는 공항들, 예를 들어 김포·대구·울산·포항·김해·사천·무안2(망운면)·군산 비행장은 1945년 이전에 조성된 공간이다. 주한 미군과 한국군이 각각 쓰고 있는 평택·오산·대구 캠프 워커·수원 비행장도 마찬가지다. 또 한국군에서 한동안 사용하다가 지금은 민간 구역으로 바뀐 광주광역시 상무지구·제주(알뜨르, 고래지)·부산 해운대(수영)·대전·서울 여의도 비행장도 식민지 때 건설한 곳이다. 반대로 민간공항의 기능이 폐쇄된 채 한국군 등에서 이용하고 있는 강릉·울진 등의 비행장도 있다.

이 시설지와 시설물은 선조들의 강제동원 현장이기도 하다. 장소를 불문하고 강제동원된 조선인은 굶주림과 혹독한 노동에 시달렸고, 사망한 사람도 많았다. 하지만 현재 국내 강제동원에 관한 연구는 조선인의 동원 양상과 군사 시설물 사이의 관계를 상세하고 만족스럽게 설명하지 못하는 실정이다. 관련 문헌 자료도 거의 없다보니 지역에 따라 어쩌다 한 번씩 입에서 입으로 간단하게 전해지는 경우가 태반이다.

해안가 동굴과 비교해 내륙의 동굴은 인근에 여러 개 몰려 있는 경우가 대부분이다. 동굴 하나의 길이도 몇 십미터인 경우가 많다. 충북 영동군과 인천 부평에는 확인된 것만 각각 89개와 24개이다. 물론 대구, 광주,

여수, 진해 등지에도 내부를 용도에 맞게 콘크리트로 깔끔하게 처리한 동굴이 많다.

동굴 다음으로 많이 확인할 수 있는 군사 유적은 비행기 격납고[당시는 엄체호(掩體壕)라고 불림]다. 제주(알뜨르)·평택·대구 비행장과 경북 영천 금호 비행장 터에 남아 있다. 전라도의 경우 무안1 비행장 터, 여수 수상기기지(한화케미칼 여수공장 내)에도 남아 있다. 참고로 말하면, 수상비행장은 진해에도 있었다. 지금은 진해 해군기지 내에 있는 해군사관학교의 운동장 앞과 바다를 직접 연결하는 비행기의 활주대가 파괴되어 흔적만 있는 여수와 달리 온전히 남아 있다.

광주 상무지구와 전남 담양에도 비행장이 있었지만, 현재 격납고 흔적은 볼 수 없다. 무안1 비행장 터와 여수 수상기기지 터에는 격납고가 사실상 방치된 채 남아 있다. 담양 비행장은 시설물은 차치하고 비행장 관련 지도조차 없는 곳으로 지역 사람들의 입에서 입으로 희미하게만 전해지는 곳이다. 그러다 이번 원고를 준비하는 과정에서 비행장 관련 부대가 그곳에 배치되었다는 사실을 일본 방위성의 문서로 확인할 수 있었다.

동굴과 격납고 그리고 비행장 이외의 군사 유적으로는 포진지, 건물 등이 있는데 남아 있는 시설물은 그리 많지 않다. 가덕도, 지심도, 제주도, 여수, 무안1.2, 전북 옥구 등지에서는 콘크리트로 만든 포진지를 찾을 수 있다. 일본군이 사용한 건물은 용산, 대구, 부평 그리고 이미 반환되어 부산 시민공원으로 조성된 곳에서 확인할 수 있지만, 분포로 따지면 넓지 않다. 대부분 일본군에 이어 한국군과 미군이 사용한 시설물이어서 현대사와 얽힌 접점이 매우 넓다. 일본군에서부터 시작된 기지의 역사를 한국 현대사, 동아시아사 및 세계사와 연관 지어 파악하면 건축물이 있는 공간의 이야기가 우리의 상상을 뛰어넘어 펼쳐질 수 있는 가능성이 농후하다.

그러기 위해서는 아카이브를 구축해야 한다. 과거의 경험과 의미가 누적된 공간이 놓이는 터에 관한 이야기를 하기 위해 반드시 필요한 과정이다. 장소성은 공간이 놓이는 장소 그 자체의 역사성을 제대로 알아야 드러낼 수 있다. 장소성은 특정한 공간을 연출한다고 해서 표현되지 않는다. 맥락이 있고, 이야기가 있는 곳이어야 가능하다. 더구나 (부)도심에 있는 군사 유산의 장소성은 도시를 어떻게 역사 디자인해야 하는가라는 미래의 고민과도 맞물려 있다. 그래서 장소성은 그 도시의 품격 그리고 거기에 거주하는 시민의 품위 있는 정체성 가꾸기와도 밀접한 연관이 있다.

그럼 이제부터 광주·전남 지역에 남아 있는 일본군의 군사 유산에 대해 말 걸기를 할 수 있는 작은 디딤돌이 되었으면 하는 마음을 품고 본격적으로 이야기를 시작해 보자.

2

아시아·태평양전쟁과 식민지 조선에서의 전쟁 준비

 일본군의 유산이 남아 있는 곳의 역사는 빠르면 1904년 한국주차군이 한반도에 주차한 때부터 시작된다. 그 가운데 용산, 대구, 진해 등 연대급 이상의 일본군 부대가 상주한 주둔지는 주한 미군이나 한국군 지휘부가 주둔했거나 주둔하고 있는 곳이다. 이런 장소의 군사 유산은 건물 위주이지만 나머지는 대부분 동굴과 활주로이다. 이것은 1940년대 아시아·태평양전쟁, 특히 1945년 전쟁 상황과 밀접하게 연관되어 있다. 광주·전남 지역에 남아 있는 일본군 군사 유산 대부분도 1943년쯤부터, 특히 1945년 일본군 대본영에서 결정한 본토 결전 방침과 깊은 연관이 있다. 그때까지 이 지역에 일본군이 몇 달이라도 상주한 때는 호남의병에 대한 '남한대토벌작전'과 3·1운동 때가 전부였다.

일본군의 생각 변화

1943년 들어 식민지 조선에서는 이전에 볼 수 없는 움직임이 일어났다. 여기저기에 비행장이 건설되거나 확장되기 시작한 것이다. 새로운 상황은 한반도에서 먼 태평양의 전쟁 상황과 깊은 연관이 있었다.

일본군은 1942년 6월 미드웨이해전에서 미군에 패하며 항공모함 전력에 큰 타격을 받았다. 이때부터 태평양이란 넓은 바다의 제해권을 둘러싸고 미군과 매우 치열하게 대결하였다. 하지만 일본군은 시간이 흐를수록 비행기의 양과 질에서 우세한 미군에 밀리며 점령했던 태평양의 섬들을 하나씩 내주게 되었다. 일본군 지휘부는 가장 중요한 원인을 항공 전력의 열세로 꼽았다.

1943년 봄을 지나며 항공 전력의 전략 가치를 비로소 인정한 일본군 지휘부는 최단 시간에 인력과 시설을 대량으로 마련하는 데 '초집중'하기로 하였다. 비행기 생산을 확대하고, 비행장을 확장·신설하며, 1945년까지 2년 안에 2만여 명의 조종사와 6만여 명의 항공 요원을 양성하기로 한 것이다.

일본 육군은 초집중 방침에 따라 양성하기 시작한 사관생도가 이듬해부터 대거 졸업하자 1943년 12월에 18개의 교육 비행대를 편성하였다. 이에 따라 1944년 봄부터 교육 비행대가 훈련할 공간, 곧 교육비행장이 필요하였다. 하지만 워낙 서둘러 대규모 인원을 양성해야 했으므로 본토의 비행장만으로 한정해서는 수요를 감당할 수 없었다. 이에 따라 식민지 조선과 대만에도 교육 비행대가 사용할 교육비행장이 건설되었다. 육군은 1943년 들어 군산과 대구, 1944년에 여의도와 대전의 비행장에 본토 비행학교의 분교소를 설치하였다. 해군은 1944년 원산 비행기지에 전투기 교육을 담당하는 부대를 두었다. 1945년 들어서는 육군보다 더 적극적으로 본토의 비행학교를 부산과 광주의 비행기지로 옮겨 조종사를 양성하였다.

일본 육군은 태평양에서 북상하던 미군과 1944년 10월부터 필리핀에서 치열한 공방전을 벌이는 와중에도, 이곳에서 밀린 이후의 전쟁전략까지 구상할 필요를 느꼈다. 이에 따라 일본군은 본토 비행대들이 사용하는 비행장이 훼손되거나 출격한 비행대가 귀환하기 어려울 때 대신 이용할 수 있는 후방 기동기지를 식민지 조선에 두기로 하였다. 식민지 조선의 비행장을 본토 비행대의 예비 공간으로 간주한 것이다. 이즈음부터 일본 육군은 식민지 조선의 비행장을 교육 공간이면서 작전기지로 운영할 수 있게 활주로를 서둘러 확장하거나 신설하기 시작하였다. 그곳이 작전 항공기지로 기능할 수 있도록 항공기 운영과 관련한 정보, 통신, 기상, 보안 등의 기관과 비행장에 근무하는 부대들도 배치하였다. 이러한 흐름은 일본 대본영에서 1945년 1월 본토 결전이란 중대한 결정을 내리면서 더욱 속도를 내게 되었다. 그만큼 전쟁 상황은 일본군에게 불리하게 전개되었다.

사실 1944년 6월 들어 태평양의 마리아나를 빼앗긴 일본군의 전략적 패배는 명확해졌다. 미군의 B-29 폭격기가 본격적으로 일본 본토를 공습할 수 있게 된 것이다. 실제로 8월 들어 중국에서 출격한 폭격기 20대가 조선 남부와 일본 규슈 등지를 폭격하였다. 9월에는 마리아나에서 출격한 폭격기가 일본 본토를 공습하는 등 미군은 이제 자신이 원하는 시간과 장소를 마음대로 선택해 폭격하기 시작하였다. 1945년 2월 3일

필리핀의 일본군도 미군에게 항복할 정도로 전황이 불리해졌다.

결국 대본영은 1월 20일 일본 본토에서 미군과의 전투를 상정하는 전쟁계획, 달리 말하면 「제국육해군작전계획대강」을 수립하고 본토 결전을 결정하였다. 그들은 본토 결전을 실행하는 구체적인 작전 방침으로 '결호작전(決号作戰)'과 '천호작전(天号作戰)'을 수립하였다. 결호작전은 일본 본토와 조선을 7개의 권역으로 나누고, 미군의 상륙에 대비한 방비 태세를 확립하는 작전이었다. 천호작전이란 동중국해 일대부터 오키나와 사이에 미군의 확장을 항공 병력을 중심으로 최대한 억제하여 일본 본토 진공을 늦추는 작전이었다. 결호작전은 주로 육군이 담당했고, 천호작전은 해군이 담당하였다.

식민지 조선과 직접 관계된 작전은 결호작전, 구체적으로 말하면 결7호작전이었다. 이에 따르면 한반도 역시 '본토'에서 미군과 싸우는 전쟁터의 일부로 간주되었다. 이로써 전쟁 양상이 격화될수록 식민지 조선의 인력과 물자가 일본군의 최후 결전 태세에 격렬하게 빨려들어 가는 운명은 불을 보듯 뻔했다.

식민지 조선이 포함된 결호작전 책임 구역을 표시하면 〈그림 1〉과 같다.

〈그림 1〉에서 명확히 확인할 수 있는 사항은 제5·17·10방면군이 홋카이도·한반도·타이완이라는 본토의 외곽을 담당하고, 본토 내부는 5개의 작전구역으로 구분한 점이다. 그래서 오키나와는 규슈가 아니라 타이완을 거점으로 한 제10방면군의 작전구역이 되었다. 일본 땅이지만 일본이 아닌 오키나와, 일본인이 되었지만 제대로 일본인으로 대접받지 못하고 있던 오키나와인의 현실이 반영된 작전구역 구분이다. 또

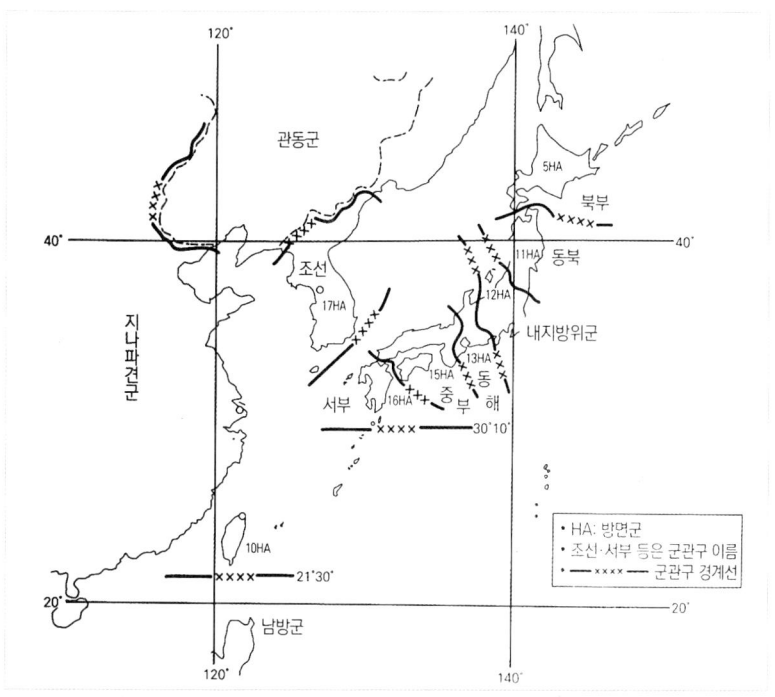

〈그림 1〉 본토 결전의 작전구역 개관(1945.2.11)

- 출처: 신주백, 2021, 『일본군의 한반도 침략과 일본의 제국 운영』, 동북아역사재단, 2021, 406쪽.
- 원전: 防衛廳 防衛研修所, 1968, 『大本營陸軍部〈10〉』, 朝雲新聞社, 18쪽.

대본영은 오키나와 전투 이후 미군의 제1상륙지점으로 규슈 지역을 예상하면서 이곳 전체를 독립된 작전구역으로 관할하는 부대, 곧 제16방면군을 배치하였다. 특별히 본토 결전에 집중하려는 의도와도 연관이 있겠지만, 일본이란 공간에 대한 전통 관념이 반영되었다고 볼 수 있다. 즉 일본 본토는 간토·간사이·시코쿠·주고쿠로 나누지만, 규슈는 오래전부터 독립적인 정치영역과 세력이 존재하는 공간으로 간주되었다. 이러한 작전구역 구분은 자연조건과 역사, 공간 관념 등을 반영한 결과였다. 한반도 역시 마찬가지였다. 한반도의 작전 구역은 일본 본토와 자연조건에 따른 분리이면서도, 일본인들이 겉으로는 식민지 조선을 '내지(內地)'라고 불렀지만 일본이 아닌 곳이며, 말로는 조선인도 황국신민이자 '내지인'이라 표현했지만 일본인으로 받아들여 지지 않은 배제된 현실과 밀접한 관련이 있는 범주 설정이었다.

한반도에서 본토 결전, 전쟁 지휘체계를 바꾸고 군대를 급속히 늘리다

일본군은 미군이 한반도를 점령하여 만주와 본토의 연계를 차단하고, 본토를 공격하기 위한 전진기지로 활용할 가능성을 막고자 결7호작전을 계획하였다. 작전은 이전과 확연히 다르게 펼쳐졌다. 첫째, 한반도에서의 전쟁과 관련한 지휘 및 지원 체계를 새롭게 마련하였다. 둘째, 작전 부대를 급속히 늘려 제주도를 포함한 남서해안에 집중적으로 배치하였다. 셋째, 병사·노무 위주로 많은 사람을 강제동원하여 미군의 상륙을 저지하는 데 필요한 대규모 군사 시설물을 서둘러 구축하였다. 이를 하나씩 살펴보자.

결7호작전을 구상하기 이전까지 한반도에 주둔한 일본군의 가장 중요한 임무는 러시아 또는 소련에 대응하는 것이었다. 하지만 대본영은 1945년 2월 들어 미군을 상대하는 작전을 한반도에 주둔한 일본군의 첫 번째 임무로 바꾸었다. 이를 담당할 군대의 지휘체계도 2월 17일 자로 전면 개편하였다. 지휘부인 조선군 사령부를 제17방면군 사령부(작전)와 조선군관구 사령부(군정)로 분리하였다. 대신 두 지휘부의 사령관을 한 사람이 맡도록 함으로써 지휘체계를 통일하여 안정성을 유지하려 하였다. 작전과 군정으로 지휘체계가 분리됨에 따라 산하 부대 역시 둘로 구분되며 재편되었다. 한반도에 주둔한 일본군의 기본 임무를 변경한 결정은 1904년 러일전쟁 때 편성된 한국주차군 이후 처음이었다.

새로운 조직 개편에 따라 조선군관구 사령부는 4월 10일 자로 기존의 유수(留守) 제19·20·30사단을 평양·경성·나남 사관구로 개편하고, 대구와 광주에도 사관구를 신설하였다. 광주 사관구는 전라남북도와 오늘날 제주도를 담당하였다. 당시 제주도는 전라남도에 속했으니 당연한 조치였다. 이후 제주도는 신설된 제58군의 작전구역으로 바뀌었다. 조선헌병대도 도(道)마다 헌병대본부를 설치하며 인원을 크게 늘렸다. 이로써 한반도의 일본군은 헌병의 적극적인 지원을 받으며 행정의 말단까지 공공연하게 구체적으로 개입할 수 있는 장치를 마련하게 되었다. 도별 헌병대본부 체제는 3·1운동을 계기로 철폐된 이후 처음 부활한 탄압 제도이다.

이에 따라 군대 운영에는 세 가지 큰 변화가 나타났다. 식민지 조선을 확보하는 작전에 대해 일본 본토에 있는 방위 총사령부의 지휘를 받지 않고 제17방면군과 조선군관구에서 독자적인 작전을 펼칠 수 있게 되었다. 다만, 하늘과 해상에 관한 작전은 이전과 같았다. 또 한반도에 주둔할 군대가 급속히 늘어남에 따라 제17방면군의 참모 기능이 세분화하며 커졌다. 제17방면군 사령부는 참모부장을 새로 두고, 작전, 방위, 선박, 병참, 통신, 연료, 특수전 임무 등을 전담할 참모를 6명에서 12명으로 늘렸다. 마지막으로 육군과 해군의 연계성 부족이라는 고질병도 한반도의 일본군에게서는 어느 정도 해소되었다. 해군의 육상작전을 제17방면군이 지휘하고, 진해요항부의 지휘를 받던 제주도 해군도 현지의 육군이 지휘할 수 있게 되었다.

한반도에서 침략 주체들 사이에 협력을 강화하는 움직임은 3월 28일 제17방면군 사령관, 진해요항부 사령관과 조선 총독 사이에 협력체계를 구축하는 협의체 결성으로 이어졌다. 이들은 조선에서 막판 총동원을 위해 육군의 지휘체계에 맞추어 중앙(사령부)-지방[5개 사관구(師管區)]-지구[도(道) 지구사령관구]에 각각 연락위원회를 조직하고, 작전, 방위, 정보, 운수, 생산, 노무 등에 집중하기로 합의하였다. 식민지 조선의 본토 결전을 위해 지휘체계와 지원 체계를 시스템으로 보장한 것이다.

이를 위해 조선총독부는 관제를 바꾸었다. 1945년 4월 17일 군관구·사관구·지구 사령관구와 원활한 연락과 협력을 전담할 서기관을 각 도마다 임명하기로 하였다. 또 사관구 설치에 맞추어 4월 20일부터 조선의 방공구역도 북선(北鮮, 함경)·서선(평안)·중선(황해·경기·강원·충청)·남선(경상·전라) 지구로 재편하였다. 지상방공(地上防空)은 조선총독부에서 담당하고, '방공은 즉 생산이다'라고 주장하는 조선군관구 사령부에서 지원하는 협력체제를 구축하였다. 또 같은 날 조선총독부는 본부 '행정의 철저한 간소화'를 달성하여 '행정면의 결전 체제'를 '완성'하기로 결정하였다. 이에 따라 조선총독부는 본부에서 정책의 대강에 관해 종합·기획·통제하는 기관이 되고(1실 47과에서 1실 36과로 축소), 군수, 식량 생산 및 방위 등 모든 사무를 제일선, 곧 본토 결전을 직접 지원하는 현장의 대응 능력을 강화하고자 지방의 관계기관에 위임하였다.

일본은 두 번째 조치로 대규모 부대를 두 차례에 걸쳐 남해안과 제주도에 집중하여 배치하였다. 애초에는 세 번에 걸쳐 전력(戰力)을 강화할 계획이었다. 하지만 4월 1일 미군이 오키나와 본 섬에 상륙하고, 이어 규슈 등지에 상륙할 가능성이 제기되자 군 작전상 제주도의 중요성이 더욱 커졌다.

대본영은 2~5개 사단 규모의 미군이 1945년 8월 이후 제주도·목포 일대 또는 군산 방면으로 상륙할 것으로 예상하였다. 이에 상륙 예상 지점에 대규모 병력과 포병대를 집중 배치하여 방어하고, 나아가 상륙하는 미군을 적극 공격한다고 결7호작전을 구체화하였다. 배치 결과를 정리하면 다음과 같다.

* 제주도 배치 1: 제58군(4월 편성), 제96사단, 제111사단, 독립 혼성 제108여단, 독립 속사포 제32대대, 제1특설근무대
* 제주도 배치 2: 독립구포(獨立臼砲) 제23대대(만주에서), 제11통신중대 분진포(噴進砲) 제1대대(중국에서), 독립야포병 제6연대(한반도에서)
* 남부지방 배치: A. 전라도-제150사단(광주), 160사단(군산)
B. 경남-제120사단(만주→대구), 제121사단(만주→대전)

제주도에 서둘러 배치된 부대들은 중국 본토와 만주의 군대가 이동한 결과였다. 전라도에 배치된 제150·160보병사단은 축성(築城) 작업을 위해 투입된 유수 제19·20사단과 전라남도의 제주도에 파견된 30사단 병력을 대체하였다. 제150·160보병사단의 후미, 달리 말하면 광주·전남과 전라북도 내륙은 광주 사관구 소속 부대들이 담당하였다.

대본영이 두 번째로 병력을 크게 늘린 시기는 최초의 본토 결전인 오

키나와전투에서 일본군의 패전이 명확해지는 6월경이었다. 6월 23일 오키나와 주둔 제32군 사령관이 자결함으로써 일본군의 조직적인 저항은 끝났다. 이로써 미군은 오키나와에서도 B-29 폭격기를 발진할 수 있게 되었으며, 한반도 남해안에서 항해중인 선박과 내륙의 교통시설을 간간히 공격하였다.

제17방면군은 미군이 8월 말 이후부터 10월경에 월등한 항공력을 앞세워 한반도에 상륙할 것으로 예측하였다. 아울러 이 시기를 전후하여 소련군도 만주와 한반도를 공격할 수도 있다고 보았다. 이에 대본영은 함경도 지방에서의 군사 작전을 만주국의 관동군이 담당하도록 하였고, 한반도의 남해안과 제주도에 포병부대를 중심으로 다음과 같이 전력을 보강하였다.

* 6월 신설: 독립 혼성 제127여단(부산), 독립 혼성 제39·40연대(전남), 독립 혼성 산포병 제20연대, 박격포 제20·21대대, 해상 수송대대 2개, 해상 근무대 10개, 통신 작업대 2개
* 7월 신설: 독립야포병 제10연대, 박격포대대 2개, 독립공병대대 2개, 통신 작업대 2개, 화물창
* 8월 신설: 박격포대대 2개, 독립 야전 중포병중대 1개, 독립 야전 고사포중대 2개, 독립 전차중대 1개

이번에 배치된 부대는 이전과 달리 신설된 부대들이었다. 그것도 식민지 조선에 거주하는 일본인 재향군인이나 현역에서 면제된 조선인 청년을 전투력이 아니라 노동력으로 징집하였다. 일본군으로서는 중국과 본

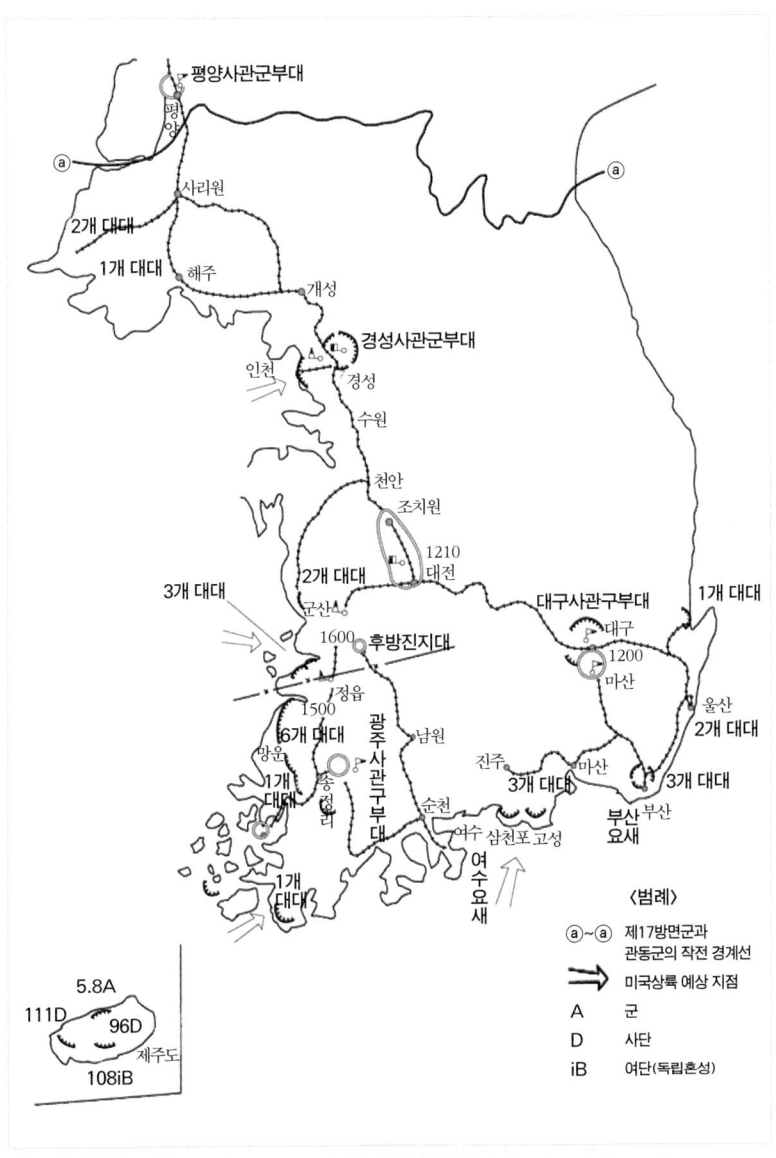

〈그림 2〉 1945년 8월경 본토 결전에 대비해 한반도에 배치한 부대 개관
* 비고: 제주도의 제121사단은 6월에 제주도 본토 결전을 준비하는 제58군 예하로 편입되었다.
- 출처: 신주백, 2003, 「1945년 한반도에서 일본군의 '본토 결전' 준비」, 『역사와 현실』 49.

토에서 부대를 이동시킬 수 없을 만큼 다급했을 뿐 아니라, 조선인의 강제동원 역시 징병이란 형식을 빌리지 않고서는 노동력을 제대로 확보할 수 없을 만큼 통치력이 허약한 상태였기 때문이다. 아무튼 4월부터 진행된 급속한 병력 확장의 결과 제주도에는 1945년 1월 당시 1천여 명에 불과했던 일본군이 1945년 8월에는 7만 5천여 명으로 크게 늘었다.

그런데도 대본영은 안심할 수 없었다. 해안의 방어진지가 무너졌을 때 즉각 방어에 나설 수 있거나, 상륙하는 미군을 향해 적극 반격할 별도의 부대가 필요하다고 여겨 제121사단(대전)과 제120사단(대구)을 편성하였다. 또 제121사단처럼 제320사단을 경성에서 편성하여 전주지역에 배치할 계획도 세우고 있었다. 서둘러 배치한 병력을 개괄적으로 정리하면 〈그림 2〉와 같다.

〈그림 2〉의 병력 배치 상황에서 알 수 있듯이, 제17방면군과 조선군관구 사령부는 결7호작전을 수행하기 위해 경기도와 전라북도에 가까운 충청남도 서해안에서 전라도·경상도 남서해안까지 그리고 제주도에 병력을 집중 배치하였다. 앞서도 언급했지만, 이는 대륙과 본토의 연결을 끊기 위해 한반도에 상륙한 미군이 일본 본토를 공격할 거점의 제1순위로 제주도를 꼽았다고 예측한 데다, 군산, 목포, 여수 일대도 미군이 상륙할 수 있는 거점으로 예상했기 때문이다.

군사 비행장을 급속히 늘리고 본토 결전을 위해 대규모 공사를 강행하다

한반도에서 본토 결전을 준비해야 하는 일본군은 기존의 군대 규모와는 비교할 수 없을 정도로 많은 병력이 필요하였다. 1944년 당시 한반도에 있던 일본군은 아무리 많이 잡아도 3만 명을 넘지 않았으나 1945년 8월 패전 당시에는 최소 24만 명이었다. 제17방면군과 조선군관구 사령관이 후쿠오카로 돌아가 천황에게 제출한 복원 보고서에 기록된 이 수치에는 함경도에 주둔한 관동군과 진해 경비부를 중심으로 한 해군은 포함하지 않은 통계이다.

이와 더불어 당시 일본군이 준비해야 할 사항은 한반도 남부지방에서 항공력을 급속히 강화하는 일이었다. 항공 전력 강화는 제공권을 유지함으로써 일본군의 희생을 최소화하며 전황을 유리하게 이끌고 상륙하려는 미군에게 치명적인 피해를 줄 수 있는 데까지 이어지기 때문이다.

하지만 1944년 들어서도 경성, 대구, 해운대 그리고 진해의 수상비행장을 제외하면 한반도 남쪽에는 군사용으로 바로 사용할 수 있는 비행장이 많지 않았다. 식민지 조선에서 일본군은 전쟁 이전부터 조선총독부 체신국이 운영하는 민간 비행장과 항로에 크게 의존하고 있었다. 그나마 한반도에 있던 일본 육군 소속 항공기도 소련과의 전쟁에 대비하고자 평양과 회령 비행장을 중심으로 평안도와 함경도 지방에 집중되어 있었다. 해군 소속 작전 항공대는 755항공대가 주둔한 원산 항공기지에만 있었다.

일본군은 아시아·태평양전쟁에서 미군에 계속 밀리면서, 특히 B-29

가 중심인 공중 폭격에 큰 타격을 받았다. 본토의 항공기지는 미군의 폭격에 노출되어 있어 안정성에 문제가 있었다. 일본군으로서는 반전이 필요하였다. 1943년 들어 육군과 해군은 각각 항공기와 항공 요원에 초점을 맞추고 급속한 항공력 확대를 시도하기 시작하여 1944년부터 본격화하였다.

일본군은 미군이 본토에 가까이 올수록 식민지 조선의 비행장이 필요하였다. 이즈음 조선총독부가 운영하던 비행장의 활주로를 1943년경부터 확장하고, 항공부대와 지상부대가 사용할 시설물을 새로 신축하기 위한 강제동원이 전국에서 이루어졌다. 비행장의 활주로와 관련 시설은 항공 요원을 양성하는 기반 시설이었지만, 전황이 불리해질수록 식민지 조선의 비행장은 작전 항공기지 역할까지 해야 했다. 실제로 1944년에 이르러 전선이 본토에 더욱 근접하자 항공 요원을 양성하는 기반이었던 식민지 조선도 작전기지의 성격으로 바뀔 수밖에 없었다.

이에 대본영은 1944년 10월 식민지 조선의 비행장을 작전 항공기지로 탈바꿈하기 위해 정보, 통신, 기상, 보안, 비행장 근무 등과 관련된 기관을 편성하고 정비 공사를 진행하였다. 정비된 모든 비행장은 작전 항공기지 역할 뿐 아니라 다른 임무도 수행하였다. 경성 이남 지역의 육군 비행장은 대구의 45항공 지구사령부 지휘 아래 항공 지상부대를 지원하는 임무를 담당하였다. 또 본토 항공기지 중 하나인 오사카 다이쇼(大正) 항공대와 연계된 후방 기동기지 임무를 수행하는 비행장이 있는가 하면, 교육 비행대가 주둔하는 교육비행장 기능을 하는 곳도 있었다. 해군 역시 실용기 교육을 담당한 원산 항공기지와 조종 교육을 담당한 광주·해운대 항공기지에 교육 비행대를 운영하였다.

1945년 들어 전쟁 상황이 더욱 불리해지자, 대본영은 본토만이라도 지키기 위해 식민지 조선의 항공기지를 본토의 상급 기관에서 일괄 지휘하는 체제로 강화하려 했다. 규슈 제6항공군의 지휘를 받는 제53항공사단사령부는 경성에 있으면서 한반도에 있는 육군 소속의 모든 비행장을 지휘하게 되었다. 이에 따라 경성, 군산, 평양, 함흥, 연포, 온정리, 회령, 회문, 대전, 평양 등지의 교육 비행대도 제53항공사단 사령부의 지휘를 받게 되어 제17방면군 사령부가 지휘하는 항공부대는 하나도 없게 되었다. 이로써 식민지 조선의 비행장은 본토에서 대미작전을 벌이는 비행부대, 특히 제6항공군의 후방 기동기지이자 일부 항공부대의 근거 비행장 기능을 수행하였다. 또 대륙과 본토를 연결하는 항공로 연결기지 역할도 담당하였다. 육군은 조선 해협을 중심으로 해상 교통을 보호하여 대륙과 본토의 연계성을 확보하는 임무가 중요해짐에 따라 부산, 무안, 제주도 등지에 전문 비행부대를 배치하였다.

그런데도 전쟁 상황은 일본군의 기대와 달리 반대로 흘러갔다. 대본영은 오키나와전투의 향방이 거의 명확해지는 현실에서 항공 전력을 강화하여 미군과의 본토 결전을 더욱 서둘러 강화할 필요가 있었다. 이에 5월 8일 제13비행사단을 제외한 제5항공군의 주력을 중국에서 조선 남부지방에 배치하도록 지시하였다.

경성에 지휘부를 차린 제5항공군은 한반도에 있는 육군 소속 공군부대에 대한 지휘권을 제6항공군에게 인계받아 5월 하순까지 제30교육비행대(사천→회령), 제41교육비행대(수원→회문), 제2연성비행대(김포→수원), 제12연성비행대(군산→신의주) 등 주둔지를 바꾸며 항공 전력 강화를 꾀하였다. 그리고 중국에서 이동해 온 비행대 가운데 5월에 선박을 공격하는 임무를 맡은 비행 제16전대(戰隊, 평양)에 배치하고, 6월 초순에 정찰대인 비행 제44전대와 비행 제82전대를 각각 대전과 김포에 배치하였다. 이어 6월 하순부터 순차적으로 전투부대인 비행 제85전대(김포), 비행 제25전대(수원, 제주도), 비행 제22전대(김포) 등을 배치하였다. 8월에는 습격부대인 비행 제6전대(대구)에 배치하며 전체 재배치를 완료하였다. 또 제5항공군은 항공기지의 지상 관계 부대도 대규모로 재배치하였고, 정보 관계 부대와 통신 부대도 신설하였다. 이로써 항공지구사령부 6개, 비행장대대 19개, 비행장중대 5개, 독립정비중대 19개 등이 중국과 본토에서 이동하여 재배치되었다.

　더불어 제5항공군은 교육 훈련용으로 건설된 비행장들을 군사 작전을 수행할 수 있는 근거 비행장으로 정비하기 시작하였다. 이때 비밀스럽게 운용해야 하는 군사 시설들을 여러 곳에 나누어 건설하고, 이를 엄호하는 시설물들도 세우는 분산비익(分散秘匿)·분산엄호 방침에 따라 5~6월에 12개의 야전 비행장 설정대(設定隊)를 남부 조선의 비행장에 집중배치하였다. 오늘날 남아 있는 동굴과 격납고 같은 기능을 하는 엄체호들이 활주로와 떨어진 여러 곳에 흩어져 있는 이유도 이 때문이다.

　일본군은 재편성 작전을 서두른 결과 패전 당시까지 대미작전 관계 항공기지를 70~80%, 대소작전에 필요한 항공기지를 50% 정도 구축할 수 있다고 스스로 진단하였다. 이처럼 짧은 기간에 엄청난 시설을 구축할 수 있었던 이유가 식민지 조선에서 '관민 협력'이 크게 일어났기 때문이라고 일본군 스스로 평가하였다. 하지만 이 말을 달리 해석하면 조선총독부가 앞장서서 징용과 징병을 매우 광범위하게 실시했다는 말에 불과하다.

얼마나 어떻게 동원되었을까?

1944년까지 일본군 시설 건설에 동원된 조선인은 기본적으로 도내(道內) 동원이었다. 가령, 경기도 용인 주민은 평택 비행장 건설에 동원되거나, 1944년 가을부터 해방 때까지 여주와 용인, 개성 등지에 거주하는 사람은 수원 비행장 건설에 동원되었다. 전라북도 부안 사람들은 군산 비행장에, 전라남도 화순 사람들은 광주 비행장 확장 및 기능 변경 공사에 동원되었다. 숙박시설이 제대로 갖춰지지 않은 곳에 학생들을 동원하여 몰아넣고 공사를 강행한 곳도 흔했다. 이들은 기본적으로 기술이 특별히 요구되지 않는 분야에 동원되었다. 시쳇말로 몸으로 때우는 일을 한 것이다. 다만 공사와 관련한 전문 기술을 보유한 사람들은 전국에서 동원되었다.

1945년 들어 새로운 동원 양상이 본격화하였다. 조선총독부와 제17방면군은 한반도에 새로운 병력이 대규모로 배치됨에 따라 이들 부대의 이송과 경비, 주둔지 설치와 보급품 수송, 작전 시설 건설 등에 엄청나게 많은 사람을 긴급하게 동원해야만 했다. 하지만 전투 병력으로 즉각 활용할 자원, 곧 현역 판정을 받은 사람만으로는 이를 충당하기 어려웠다. 그래서 을종, 곧 제1보충병 판정을 받은 많은 젊은이를 1945년 음력 설이 지난 이후부터 대규모로 징병하였다. 당시 징병 업무를 담당했던 조선군관구 사령부 소속 참모는 40만여 명의 조선인 청년을 징병했다고 회고하였다. 현역 판정을 받고 전투부대원으로 징병된 9만여 명을 제외하면 약 31만여 명 정도가 노동력으로 동원된 것이다. 이것이 1945년 들어 해외 동원을 일본 스스로 중단한 이후 선택한 새로운 강제동원

방식인 병사노무동원이다.

병사노무동원은 징병이지만 전투보다는 노동을 목적으로 하였다. 병사노무동원자들은 총도 없는 군인이었고, 전투부대원이 아닌 노동력이자 총알받이였다. 동원된 전투병들이 용산과 평양에서 일정 기간 기초 군사훈련을 받고 서남해안 일대에 배치된 데 비해 이들은 각 시·군에 모여 인근의 훈련소에 입소했다가 기초 군사훈련도 아예 받지 못하거나 기껏해야 2~3일 받고 총도 없이 부대에 배치되었다.

충청북도 청주에서 동원되어 목포시 고하도와 허사도에서 동굴을 파는데 동원된 송재섭의 증언을 통해 병사노무동원의 실상을 확인할 수 있다.

1944년 11월 신체검사에서 을종 보충역 판정을 받았어! 눈이 나쁘다고 해서 그래 나는 이제 일본군에 끌려가지 않아도 되니까 살았구나 했지. 웬고허니 우리 동네서 일본 군인으로 가서 죽은 사람이 있었거든. 그래 맘 놓고 있는디 설 지내고 이내 면에서 사람이 나오데, 군대 가얀다고. 아휴 죽었구나 했지. 그러고 며칠 있다가 군으로 오라 해서 갔지. 환영도 많이 받았어!… 조치원에서 열차 타고… 근디 우린 용산이나 평양부대로 안 가고 남쪽으로 내려가더라고 그리고 밤늦게 목포에 도착했어. 화물차에 사람을 숱하게 싣고 갔는디, 그 안에서 오줌도 못 누고 갔어… 거가 도착하니께 유달학교라고 하데. 거서 한 사나흘 있었는가, 누가 오더니 이름을 불러 갔더만 '너는 인자 천황의 군인이다' 그러데. 그러고 항구에서 배 타고 조금 가께 내리라더만 거가 고하도여! 거서 한 5개월인가 있다 해방 만나서 나온거지.… 거서 밥도 지디로 안 주지 일은 또 얼매나 고덴

디, 말도 못허.… 옷이랑은 목포서 우리 옷 벗어서 집에 보내주드만 계급도 줬어! 벌 하나 일등병이여, 별 하나니께.

이들에게 군사훈련은 불필요했다. 작전을 담당하는 병력이 아니라 병사노무동원 대상자였기 때문이다. 더구나 본토 결전을 준비할 시간을 조금이라고 확보하기 위해서는 최대한 짧은 시간에 많은 보충병을 징집해야 했기 때문이다. 배치된 부대원들은 대부분 축성(築城)작업과 폭주하는 수송업무를 처리하기 위해 특설근무대와 특설수송대, 특설경비공병대 등에 배치되었다. 이들은 총도 지급받지 못한 군인이었으므로 엄밀히 말해 군복을 입고 있는 노무자였다.

앞서도 언급했듯이, 병사노무동원은 일본의 강제동원 역사에서 모집, 관알선, 징용 등과 함께 새로운 동원 양상으로 특정할 필요가 있다. 이 점이 1945년 강제동원사의 특징이다. 특히 1945년 3월즈음부터는 모집도 관알선도 그리고 징용도 없었다. 오로지 병사노무동원이었고 도내(道內)동원이었다.

여기에 더하여 수업을 전폐하고 최소 1주일 이상 집을 떠나 동원된 학생들이 있었고, 찬바람도 막지 못하는 열악한 숙소에 몇 달씩 동원된 주민들도 많았다. 힘든 노동과 함께 이들이 잊지 못하는 고통 중 하나가 배고픔이었다. 이를 흔히 '뿌리 뽑기 동원'이라 한다. 이것이 1945년 강제동원사의 또 다른 특징이다.

3

광주·전남 지역의 전략 가치와 일본군 분포

'전라도'의 전략 가치가 급속히 높아지다

여기서 말하는 '전라도'란 오늘날의 광주광역시와 전라남도, 전라북도, 제주도 등지를 가리킨다. 일제강점기에 제주도는 행정구역상 전라남도였다. 1909년 일본군이 호남지방의 의병을 탄압하기 위해 '남한대토벌작전'이란 특별한 군사 작전을 끝낸 후 전라도, 특히 전라남도에 병력을 배치한 경우는 3·1운동 때를 제외하면 사실상 없었다고 보아도 무방하다. 이곳은 동학농민전쟁과 호남 의병이 일본군에게 잔혹하게 탄압당하면서, 일본군의 입장에서 보면 군사적으로 안정된 지방이 되었다. 1940년대 들어 여수 요새가 들어서고, 1942년 지금의 광주광역시 상무지구에 있었던 광주 비행장을 육군이 사용하기 시작하고, 이듬해 무안1, 2 비행장이 건설되기 시작하면서 일본군의 모습이 점차 눈에 띠기 시작하였다.

그러다 1944년 10월경 전쟁 상황과 연관해 비행장을 군사 전용 공간으로 새롭게 확장하려는 움직임이 일어났다. 육군 보병과 포병이 비행장을 엄호하기 위해 상주하는 진지를 구축하려는 움직임도 생겨났다. 일본군이 식민지 조선의 비행장을 작전 항공기지로 전환할 계획과 연관이 있었다. 또한 당시 미군이 필리핀 레이테섬에 상륙하고, 이어 민다나오와 루손섬에 상륙하여 1945년 1월에 일본군이 크게 패배하자 이어진 조치였다. 일본군 대본영은 1944년 12월 말 일본 본토에 있는 방위총사령부의 지휘 아래 이듬해 3월 말경까지 한반도 남서해안에 작은 배들을 숨길 수 있는 진지를 축성할 계획이었다. 그리하여 제주도, 여수, 목포 등지에 작은 배들을 숨겨 놓을 수 있는 '골간 중의 골간 진지', 달리 말하면 주정(舟艇) 기지를 만들었다. 골간 진지에는 임시포대를 설치하고, 그 주변에 8개 대대가 주둔할 수 있도록 연안 시설도 정비하였다. 이들 보병 부대에는 미군의 상륙을 저지할 임무가 주어졌다. 일본군은 해안가 군사 시설을 서둘러 만들기 위해 서울에 있던 '유수 제20사단'에서, 목포와 그 부근을 평양에 있던 '유수 제30사단'에서 제주도를 각각 책임지도록 하였다. 특히 제주도의 진지를 서둘러 완성하고자 공사대라는 부대와 특별경비공병대대를 추가로 투입하였다.

그런데 대본영은 1945년 1월 본토 결전을 결정한 지휘체계를 개편하며 미군과의 대규모 전투를 고려하여 '조선군 축성계획'을 더 규모 있게 확대해야 한다고 보았다. 왜냐하면 한반도에 대규모 미군 부대가 상륙한다면 제주도 이외에도 목포 일대와 전라북도 군산~전라남도 영광군 법성포 사이가 적절한 장소 가운데 한 곳이라고 보았기 때문이다. 또 미군의 상륙을 저지하는 데 필요한 병력이 몇 개 대대 수준이 아니라 몇 개 사단이 필요하다고 보았다.

특히 남서해안보다 제주도가 미군 상륙 장소로 더 유력해질수록 전라남도의 군사적 비중, 그중에서도 연결 지점인 여수와 목포의 중요성이 부각하였다. 앞의 〈그림 2〉에서 알 수 있듯이 여수와 목포는 미군이 상륙할 수 있다고 예상되는 네 지점 가운데 두 곳이기도 했다. 또 두 곳은 많은 사람과 막대한 물자를 제주도로 긴급히 보낼 수 있는 해상수송의 거점이었다.

이에 제17방면군은 목포와 여수를 방어하기 위해 목포 시내 후방에 1개 대대, 여수 요새사령부에 1개 대대를 제150사단에서 파견하였다. 이곳의 방위력을 강화하고자 동굴식 포대를 설치하고, 함경북도의 나진 요새에서 화포도 옮겼다. 이는 골간 진지를 지키기 위해 고사포 부대를 배치하고, 그 주변에 보병 부대를 배치하여 상륙하는 미군을 저지한다는 방어계획과 연관된 조치였다. 또 제17방면군은 미군 잠수함과 함정으로부터 목포에서 제주도까지 바닷길의 안전성도 확보할 필요가 있었다. 이에 1945년 2월 선박공병부대를 목포와 제주도에 각각 배치하고, 이들의 지휘 아래 각 섬에 주정 기지를 건설하여 반격 능력을 갖춤과 동시에 해상 항로대를 설정하였다.

사람과 물자의 대규모 수송은 배를 확보하는 일이 관건이었다. 제17방면군은 일본 본토에 있는 제1선박수송사령부와 연계하여 대형선박 4척, 해상수송대대의 기선과 범선 60척을 확보하였다. 그중 여수에 대형선박을, 목포에 소형선박을 각각 배치하여 운영하였다. 제17방면군은 많은 수송선을 운영함에 따라 이를 통제하는 기관으로 목포에 직속

출장소를 설치하였으며, 여수에도 여수 요새사령관의 책임 아래 수송 작업에 투입할 노동부대인 근무부대를 배치하였다.

　해안 방어진지를 구축하는 축성작업 또한 더 많은 인력을 투입하여 작업 속도를 높였다. 제17방면군은 경성사단 대신에 전라남북도의 서해 연안에 제150사단과 제160사단을 집중적으로 배치하여 축성작업을 이어가도록 하였다. 축성작업의 효율성을 높이기 위해 현장에서 지도할 방위시설반을 직속으로 운영하였다. 제17방면군은 전라남북도청의 도움을 받아 광산기술자와 일반 노동자를 강제동원했고, 축성에 필요한 자재를 징발했으며, 강제로 동원된 사람들의 숙박 및 보급, 수송 등에 필요한 도로 보수 문제를 해결하였다.

어떤 군대가 권역별로 긴급히 배치되었을까?

　위에서 언급한 제150사단과 제160사단은 진지구축 작업에 투입된 부대이자 호남지방에 배치된 전투 사단이었다. 두 사단은 상륙하는 미군을 저지하기 위해 해남에서 군산까지 해안가 일대와 여수, 목포, 군산 등지의 항구 주변에 집중 배치되었다. 이때 제17방면군은 제150사단에게 목포에서 전라북도 고창 사이를, 제160사단에게 전라북도 부안에서 군산 사이를 책임지도록 하였다. 두 사단의 경계는 고창군이었다. 사단사령부는 각각 정읍과 익산에 있었다. 해안을 따라 배치된 두 사단의 뒷공간은 조선군관구 소속으로 광주에 사령부를 둔 광주사관구 부대에서 담당하였다. 이들은 1945년 4월부터 전라남도와 전라북도에 분산 배치되었다

제150사단과 광주사관구 부대를 포함해 1945년 2월경부터 8월 일본군이 패전할 때까지 광주·전남 지역에 배치된 일본군의 현황을 광주권, 목포권, 여수권 등으로 나누어 제시하면 〈표 1·2·3〉과 같다. 이러한 권역별 구분 방식은 전통적인 생활권과도 연관이 있다. 즉 자연환경에 큰 영향을 받아 중북부의 광주, 서남부의 목포, 동부의 여수·순천 등으로 구분되는 생활권역과도 일치하였다. 식민지기에 들어서도 근대 교통수단은 세 권역을 그대로 유지하고 강화하는 방향으로 이어졌다.

그럼 일본이 패전할 당시 세 권역에 있었던 일본군의 현황을 정리해 보자. 먼저 광주·전남 지역의 중심인 광주권에 주둔한 일본군 현황은 〈표 1〉과 같다.

광주권에 주둔한 일본군은 헌병을 제외하면 예외 없이 본토 결전이 결정되고 대규모 병력 배치가 이루어질 때부터 주둔하기 시작하였다. 광주는 제주도를 제외한 전라남북도 지역의 군정을 책임지는 광주사관구 사령부가 있는 곳이었다. 광주권 일본군의 배치는 여수와 목포를 기점으로 연안의 전투부대가 활동할 수 있게 지원부대가 많이 주둔한 점이 특징이다.

광주에는 특이하게도 안정되면서도 신속하게 해군 조종사를 교육하고 훈련할 장소가 필요했던 일본 해군의 육상 기지가 있었다. 더구나 그곳은 육군이 운영하고 있던 항공기지인데 해군 관할로 바뀐 보기 드문 사례였다. 일본의 육군과 해군이 한 나라의 군대라는 이미지가 약한 측면이 있었음을 고려할 때 특히 그렇다고 볼 수 있다.

식민지 조선에 있던 일본 해군은 38도선 이남에서만 진해, 제주도, 부산 김해, 경상북도 영일(迎日), 평택, 황해도 옹진(甕津), 여수 그리고 광

〈표 1〉 광주권: 패전 당시 일본군 현황

	소속/부대 이름		편성 시기	기간	패전 때 위치
육군	제17 방면군	독립혼성 제39연대	1945.6.30	1945.6.20~8.20	광주
		박격 제31대대			광주
		전차 제12연대	1944.4.12	1944.4.19~1945.3 中支 3.10~8.20 광주	광주
		제90특설통신작업대			광주
		광주지구 헌병대	1945.3.15	1945.3~8	광주
	조선 군관구	광주사관구 사령부	1945.4.29	1945.4~8	광주
		광주사관구 制毒(제독)훈련소			광주
		광주사관구 보병 제1보충대	1945.4.7	1945.4~8	광주
		광주사관구 포병보충대	1945.4.7	1945.4~8	광주
		광주사관구 공병보충대	1945.4.7	1945.4~8 나주	나주
		광주사관구 치중병보충대	1945.4.7	1945.4~8	송정리
		광주사관구 통신보충대	1945.4.7	1945.4~8	광주
	조선 군관구	광주지구 사령부	1945.4.29	1945.4~8	광주
		광주 육군 병사부	1945.4.29	1945.4~8	광주
		광주 육군병원	1945.6.18	1945.6~8	광주
		광주 육군 구금소			광주
	제5 항공군	제203비행장대대	1945.2.25	1945.6.1.~10	담양
		제175야전비행장설정대	1945.3.30		담양
		제168독립경비대	1945.3.15	1945.5.18.~10	담양
해군	진해 요항부	광주 항공기지	1939년 민간 비행장	1942년 육군, 1945년 해군에서 사용	광주

출처: 鮮北課, 「第17方面軍」, 『昭和20年 部隊行動表』, 4쪽. 5쪽. 6쪽. 47쪽; 鮮北課, 「朝鮮師管區部隊」, 『昭和20年 部隊行動表』, 59쪽. 81~83쪽; 留守業務部, 「在朝鮮陸軍航空部隊行動槪況(1952. 1. 25)」, 12쪽; 第2復員局, 「光州航空基地」, 『鎭海警備府引渡目錄』.

주까지 8개의 항공기지를 운영하였다. 통상 육군은 비행장이라 부른데 비해, 해군은 항공기지라는 용어를 사용하였다. 8개의 항공기지 가운데 진해와 여수는 수상(水上)비행장을 운영하는 기지였으며, 진해는 수상 정찰기 부대와 함상(艦上) 공격기 부대를 병설한 기지였다. 이곳에는 식민지 조선과 인근 바다를 관할하는 진해경비부가 있었다. 그곳의 지휘를 받는 광주 항공기지는 미군의 공습 등으로 본토에서 안정적으로 항공 요원을 교육할 수 없게 되자 대안으로 찾은 곳 중 하나였다. 광주 항공기지는 초보적인 교육 훈련 기관이 있는 곳이었다.

〈표 2〉는 목포권에 주둔한 일본군의 현황이다.

목포권의 일본군은 상륙하는 미군에 직접 대응할 가능성이 매우 큰 미래의 전투에 대비해야 했다. 또 연안을 항해하는 군 선박을 미군으로부터 지키면서, 제주도의 일본군에게 필요한 물자와 인력을 긴급하게 대량으로 꾸준히 보내는 임무를 담당하였다. 그래서 편제상으로 군정을 담당하는 조선군관구 사령부 소속의 군대보다는 작전을 담당하는 제17방면군과 제5항공군 소속이 많을 수밖에 없었다. 두 지휘계통에 소속된 부대들을 자세히 보면 경비와 수송 및 진지구축 등을 맡은 부대와 항해의 안전 여부를 감시하는 비행대 중심임을 알 수 있다. 특히 무안 1,2 곧 망운 비행장은 육군이 1944년 말경부터 해상 교통을 보호하는 작전을 펼치고자 해군 및 지상부대와 협력하여 운영하고 있던 세 곳의 전문 비행 부대 가운데 하나가 있던 곳이었다. 세 전문부대의 핵심 임무는 조선 해협 감시였다.

해상 감시와 해상수송에 큰 비중을 차지하는 목포항을 고려할 때 육군 관련 부대가 주둔했을 것으로 추측되나 관련 내용을 추론할 수 있는

〈표 2〉 목포권: 패전 당시 일본군 현황

소속	부대 이름	편성 시기	기간	패전 때 위치
제17 방면군	제150사단 보병 제430연대	1945.5.27	1945.5~8	목포
	특설경비 제464대대	1944.2.9	1945.2.19~8.20	목포
	특설경비 제411중대	1945.2.25	1945.2.20~8.20	진도
	제36야전근무대 본부	1945.3.20	1945.3.20~8.20	목포, 제주도
	육상근무 제171중대			고하도
	육상근무 제172중대			목포
조선 군관구	특설육상근무 제109중대	1944.12.18	1944.12~1945.2 마산 1945.2~8 목포	목포
제5 항공군	제16항공지구사령부	1937.8.5	1945.5.23.~11.9	목포
	제22비행장대대	1945.2.25	1945.5.11.~8.	목포
	제161독립경비대	1945.6.5	1945.7.1.~10.10	목포
	독립자동차대4중대	1937.7.	1945.5~9	목포
	제231비행장대대	1945.4.20	1945.4.~8	망운
	제154야전비행장설정대	1944.9.8	1944.10.20.~1945.11.5	망운

출처: 鮮北課, 「第17方面軍」, 『昭和20年 部隊行動表』, 1쪽. 2쪽. 15쪽; 鮮北課, 「朝鮮師管區部隊」, 『昭和20年 部隊行動表』, 59쪽; 留守業務部, 「在朝鮮陸軍航空部隊行動槪況(1952.1.25)」, 12쪽.

구체적인 자료를 찾기가 쉽지 않다. 다만, 육군에서 당시 발행한 '기밀 작전일지'에 따르면 함경북도 나진과 경상남도 진해, 더불어 목포에도 '해군근거지'가 있었다는 기록이 남아 있다. 하지만 이 기록상의 '근거지'가 무엇을 말하는지, 또 어떤 부대인지 현재로서는 알 수 없다. 그래서 〈표 2〉에 반영할 수 없었다.

마지막으로 여수항을 지키는 여수 요새를 중심으로 한 여수권의 일

〈표 3〉 여수권: 패전 당시 일본군 현황

		소속/부대 이름	편성 시기	기간	패전 때 위치
육군	제17 방면군	독립 혼성 제40연대	1945.1.28	1945.6.20~8.20	여수
		제160사단 보병 제463연대	1945.4.15	1945.4~8	여천
		특설경비 제416대대	1945.2.23	1945.2.20~8.20	보성
		독립철도 제20대대	1945.5.3	1945.5~8	순천
		여수 요새사령부	1941.7.20	1945.7.16~8.20	여수
		여수 요새중포병연대		1945.7.16~8.20	여수
	조선 군관구	육상근무 제183중대	1945.5.13	1945.5~8	여수
		여수 육군병원	1941.7.16	1941.7~1945.8	여수
		제159경비대대	1945.3.5	1945.3~8	순천
해군	진해 요항부	여수(수상기) 항공기지			여수

출처: 鮮北課, 「第17方面軍」, 『昭和20年 部隊行動表』, 4쪽. 9쪽. 17쪽. 49쪽; 鮮北課, 「朝鮮師管區部隊」, 『昭和20年 部隊行動表』, 59쪽. 82쪽; 第2復員局, 「麗水水上機基地」, 『鎭海警備府引渡目錄』.

본군 현황은 〈표 3〉과 같다.

제주도까지 사람과 물자를 신속하고 대규모로 이송하는 임무를 맡은 노무부대가 있기는 했지만, 여수권 핵심 전력은 여수항을 지키는 여수 요새사령부였다. 제17방면군은 요새사령부가 여수항과 여수 수상기기 지를 지키는 일에 집중할 수 있도록 하는 한편, 상륙해 오는 미군을 저지하는 역할의 일부를 보병 부대가 담당하도록 하였다. 또 보병 부대는 여수의 뒷마당 내지는 전라남도의 동부지역을 담당하였다.

여수권에 있었던 일본군 가운데 특이한 존재는 해군 소속으로 진해 경비부의 지휘를 받는 수상기기지일 것이다. 한반도에 수상비행장은 진해와 여수뿐이었다. 여수 수상기기지는 패전 때까지 비행기의 이착륙이 가능할 정도로 유도로와 활주로 공사가 진척되어 있었다. 이곳의 부대는 여수항을 중심으로 남해안 일대의 해안을 경계하는 임무를 담당하였다. 하지만 일본이 패전할 때까지 일본군이 계획한 만큼 항공기지로 실제 이용되었는지 불투명하다.

그럼 이제부터 세 권역에 남아 있는 일본군 군사 유산에 대해 권역별로 좀 더 자세히 살펴보자.

4
광주권

1) 광주 항공기지

상무지구 단위 도시계획 공간의 역사적 기원, 광주 항공기지

오늘날 대한민국의 모든 도시는 도시 개발을 위해 '지구 단위'란 말을 사용하고 있다. 어디 지구단위계획이란 말은 특정 지역을 묶어 삶의 공간으로 일관되고 조화롭게 꾸미려는 고민이 담긴 용어다. 도시의 팽창 또는 재개발과 뗄 수 없는 말이다. 위키피디아에는 상무지구가 '광주의 새로운 행정·업무·문화 중심지'라고 소개되어 있다. 광주의 신도심으로 소개한 것이다.

광주광역시에 사는 사람이라면 상무지구는 상무대가 1994년 장성군으로 이전하면서 생긴 곳임을 누구나 알고 있다. 상무대는 육군 초급장교의 역량을 강화하기 위해 1952년에 설치한 군사교육 시설이다. 이후

대한민국의 위관급 육군 장교라면 최소한 두 번, 곧 소위로 임관할 때 그리고 대위로 보병, 포병 등 병과 장교교육을 받을 때 이곳을 거쳐 간다고 말해도 지나치지 않다. 그래서 상무대의 역사를 기록한 책에는 그 인원을 80만여 명으로 추산하고 있다.

상무대가 있던 곳은 1945년 8월 당시 일본군 해군 소속 항공대가 있던 비행장이었다. 비행장과 관련된 시설물 가운데 지금까지 남아 있는 군사 유산이 물탱크와 동굴이다. 특히 동굴이 많이 남아 있다. 그런데 지금 사람들이 인지하고 있는 동굴은 상무대에서 직선거리로도 1km 이상 떨어져 있어, 그것들이 일본 해군의 비행장과 관련된 시설물이었다는 사실을 아는 이는 적어도 2015년까지 아무도 없었다. 필자가 광주학생독립운동기념관 측의 제안을 받아 기념관 뒤쪽에 있는 3개의 동굴을 조사하기 전까지 말이다. 결과적으로 동굴과 물탱크는 오늘날 광주광역시에서 일본군의 흔적을 찾을 수 있는 유일한 군사 유산인 셈이다. 그럼 이제부터 『광주시사』를 비롯해 광주 시민의 기억 속에 존재하지 않는 역사의 한순간을 중심으로 광주권에 남아 있는 일본군 군사 유산에 대해 살펴보자.

우선, 상무지구에 있었던 비행장의 위치와 그 주변에 남아 있는 동굴들 가운데 탄약고와 연료고로 쓰였던 동굴을 오늘날 시가지와 연관 지어 지도에 표시하면 〈그림 3〉과 같다.

광주 항공기지의 활주로는 오늘날 김대중컨벤션센터 일대에 있었다. 비행장의 흔적을 확인할 수 있는 동굴들의 실체는 2015년 실측 조사 때 연료고로 소개된 4개 가운데 광주학생독립운동기념관 부지에 있는 3개에서 확인되었다. 나머지 1개와 사월산에 있는 탄약고 3곳은 내부를 직

〈그림 3〉 광주 항공기지와 상무지구

- 출처: 〈광주학생독립운동기념회관 내 일제강점기 동굴 추정시설물 연구조사 결과 보고서〉, 광주광역시교육청, 2015, 13쪽.

접 조사하지 못하였다. 항공기지와 관련된 나머지 동굴들은 2015년 이후 존재가 확인되었거나 파괴되지 않고 매립된 형태로 남아 있을 것으로 추측하는데, 2021년과 2022년에 하나씩 세상에 알려지기 시작하였다. 상무지구 안에 있는 5·18 기념공원과 한국군 505보안부대가 있었던 자리에 들어선 5·18 역사공원 그리고 광주가톨릭대학교에서 동굴과 물탱크가 각각 발견되었기 때문이다. 필자가 보기에 국내에 남아 있는 동굴들 가운데 당시 상태를 잘 보여주는 군사 유적 가운데 하나로 재활용 가치도 매우 높을 것이다.

그럼 이제 광주 항공기지의 역사에 대해 간략히 짚어보자.

해군 소속 광주 항공기지의 역사

광주 비행장은 1937년 11월 조선총독부에서 토지매수가 끝나자마자 착공되어 1939년 11월 26일 개장식(開場式) 직후 문을 열었다. 이때부터 항공기가 경성과 광주를 1주에 3회 왕복하는 공항으로 운영된 데서 알 수 있듯이, 처음 광주 비행장은 군용이 아니었다. 광주 비행장은 이때까지 식민지 조선에 설치된 비행장 대부분이 그랬듯이, 조선총독부 체신국에서 운영한 비행장이었다. 이후 일본이 아시아·태평양전쟁을 일으킨 이듬해인 1942년 육군에서 비행장을 운영하며 군용으로 개조되기 시작하였다.

일본 육군에서 비행장 시설을 확대한 목적이 전투비행단을 설치하기 위함인지, 항공 인력을 육성하기 위함이었는지는 정확히 알 수 없다. 아마 후자였을 것으로 추측한다. 이는 아직까지 식민지 조선의 중남부 지방에 전투비행장을 운영할 만큼 전쟁 상황이 급박하지 않았기 때문이다. 또 1930년대 후반으로 갈수록 일본군은 식민지 조선에서의 항공 전력(戰力)을 북부 조선 지방, 특히 소련과의 전쟁에 대비하기 위해 함경도에 집중했기 때문이다. 그래서 육군은 처음부터 전투비행장을 염두에 두지 않고 기존 비행장을 확장하거나 신설했는데 경상남도 사천 비행장, 진주 비행장, 부산 해운대 비행장, 울산 비행장, 밀양 비행장, 경상북도 금호 비행장 등에서 이를 확인할 수 있다. 1943년 들어서도 광주

인근에 있는 무안 1(현경), 2(망운) 비행장, 곧 오늘날로 치면 무안군 망운면에 있는 무안국제공항과 현경면에 있는 비행장을 건설하기 시작하였다. 1942년 시점에서 육군이 활용한 전투비행장은 대구 비행장이었다. 이곳은 경성 이남의 비행장 가운데 가장 비중이 높아 주변의 비행부대를 지휘하는 지휘부가 있는 곳이기도 했다. 육군은 항공 관계의 조종, 기술, 통신 및 선박 관계 부대의 전력을 급속히 높일 방안의 하나로 1943년 12월부터 하사관 보충제도를 만들고, 1944년 4월부터 특별간부 후보생제도를 실시하였다. 이때 선발된 조종 후보생만 3,250명에 달하였다. 육군이 관할하는 광주 비행장은 그 일부를 양성하고 훈련하는 교육대로 상정되었을 것이다.

1945년 들어 일본 해군은 육군에게서 광주 비행장을 인계하여 항공 조종사를 훈련하는 기지로 활용하였다. 조종사를 비롯해 항공 요원을 서둘러 늘려야 한다고 판단한 해군도 육군처럼 항공 요원을 안정된 공간에서 대규모 육성할 필요가 있어 초보 연습부대를 설치하고자 하였다. 가고시마에 있는 이즈미(出水) 항공기지의 교육 훈련부대인 이즈미 해군항공대(出水海軍航空隊)도 그중 하나였다.

하지만 일본군은 미군과의 전투가 격렬해지면서 규슈 일대의 비행장에 많은 전투기를 실전 배치하였다. 특히 천호작전 등과 관련이 깊었다. 이에 비행장을 전투기 중심으로 운영할 수밖에 없었다. 더구나 일본군은 미군의 공중 폭격이 계속되는 한 대규모 신규 인력을 안정되게 육성하기도 쉽지 않았다. 이에 해군이 주목한 곳 가운데 한 곳이 광주 항공기지였다. 이즈미 해군항공대는 1945년 2월 11일 자로 해체되었다. 해체된 항공대는 광주로 이전하여 6월에 광주 해군항공대를 편성하고, 갑

비(甲飛)13기[비련(飛練)40기]에 대한 비행 훈련을 계속하였다.

광주 해군항공대는 식민지 조선에 있던 일본 해군 소속의 항공대인 부산 김해·진해·여수·원산 항공기지 등을 관할하는 조선 해군항공대의 지휘를 받았다. 광주 항공기지의 해군항공대는 본토에서 이전해 온 부대였다는 점에서 제주도에 있던 오무라(大村) 항공대의 분견대가 다시 옮겨 간 김해 항공기지의 부산 해군항공대와 같았다. 부산 해군항공대도 광주 해군항공대처럼 비행 요원의 초보 훈련을 담당하였다.

한편, 광주 항공기지를 해군에 내준 육군은 담양에도 비행장을 건설하기 시작하였다. 육군이 담양군 대전면에 대치 비행장을 건설하기로 하고 긴급히 공사부대를 파견하는 한편, 지반공사에 필요한 자갈을 채취하여 운반하기 위해 학생들을 동원하였다. 대치 비행장이라 전해지는 이곳은 지금까지 남아 있는 일본 육군 자료에 담양 비행장으로 나온다. 1945년 여름경부터 건설되기 시작한 담양 비행장은 무안에 육군 비행장이 있음에도 불구하고 제주도와 남서해안으로 이어지는 곳에서 본토 결전을 위해 제17방면군이 얼마나 대규모로 서두르고 있었는지를 간접적으로 말해 주는 사례이다.

하지만 비행장 부지에 주둔하며 주요 시설을 공사할 부대가 5월 말~6월 초 사이에 담양에 도착했고, 자갈을 채취할 학생들도 7월 5일부터 동원된 점을 고려할 때, 해방 직전까지 초보적인 지반 다지기도 끝내지 못했을 것이다. 부지를 확보하고 지반공사를 시작할 시점에 일본이 패전했다는 현실을 고려할 때 시간이 절대적으로 부족했기 때문이다. 그래서 이 비행장과 관련된 여러 이야기가 담양군민 사이에서 크게 전해지지 않으며, 5개의 동굴과 그곳에 있던 폭탄에 관한 이야기만 전해질 뿐이다. 일본군

측 당시 자료에도 비행장으로 표시되지 않는 경우를 자주 볼 수 있다.

중노동과 허기짐의 강제동원

일본은 비행장 확장 건설에 학생과 주민을 동원하였다. 화순에 살던 김세원의 아버지는 1943년 겨울 광주 비행장 건설에 동원되었는데, 이에 관해 다음과 같이 회고하였다.

> 풍암리의 문동식 씨와 같은 함바에 계신다며 동식 씨 아들 병천이가 면회 갔다 왔다고 하였다. 갈대 지붕은 하늘이 보여 눈보라가 함바 안까지 새어 들어와 동상에 걸리고 음식이 적어 굶주리며, 일본놈 헌병의 감시 속에서 중노동에 혹사당하고 있어 추위와 굶주림에 여러 사람이 죽어가고 있다고 하였다.… (일본군 몰래 아버지를 면회하면서 보니-필자) 함바 천장은 하늘이 훤하게 보일 지경이어서 찬바람이 새어드는 데다 그날 밤늦게 눈이 내려 눈발이 실내에 쏟아져 내리고 있었다. 아버님과 나는 담요 한 장을 덮고 추위에 떨며 밤을 새웠다. 이튿날 새벽, 비행장을 떠나 집으로 돌아왔다. 아버지가 추운 함바에 담요 한 장으로 고생하시는 것을 보고 100리 길을 걷는 내 고생은 아무것도 아니라고 생각되었다.

도내(道內) 동원된 사람들의 작업장에 마련된 숙박 환경은 이처럼 열악하였다. 거기에다 작업에 필요한 도구를 받았을 리도 없었다. 강제동원된 사람들은 개인의 근력으로 감당해야 하는 중노동을 인간 이하의 대접을 받으며 몇 개월 씩 견뎌야 했던 것이다.

중노동에 시달리기는 학생들도 마찬가지였다. '光農勤勞報國隊(광농

근로보국대)'라는 깃발을 앞세운 광주농업고등보통학교나 광주고등보통학교의 3·4학년생들도 1944년과 1945년에 7일~1개월간 합숙을 하며 동원되었다. '날이 좋으면 근로동원되고 비 오면 공부(工夫)하는 날'이라는 말이 유행일 정도였다고 한다. 1944년에는 3·4학년이 도내 동원되었다면, 1945년에는 1·2학년도 강제로 동원되었다. 식량배급제로 허기진 배를 달래가며 하루하루를 근근이 보내던 학생들은 신발배급제까지 실시되어 여름철에는 거의 맨발로 다녔다. 그리고 검은 교복을 입어 보지도 못하고 작업복에 가까운 황록색 군복에 각반을 감고 다녀야 했다. 이는 조선총독부가 학생을 전쟁에 동원하고자 학교교육을 포기했음을 의미한다.

광주에서 하숙하는 학생들은 더 힘들었다. 쇠라도 녹일 것 같은 청소년 시절에 하루 3.5홉의 쌀과 보리쌀을 배급받는 하숙집 주인이 식량을 아껴 싸준 도시락으로 점심을 때웠다. 아침조차 부족했던 하숙 학생들은 으레 도시락까지 한 번에 비워버리는 일이 비일비재하였다. 온종일 중노동에 시달리다 돌아올 때면 현기증이 일어나 잘 걷지도 못하는 때도 빈번하였다. 힘든 중노동에다 충분한 영양을 공급받지 못하는 기아가 겹치면서 병들어 사망하는 학생들도 있었다. 그래서 이들에게 8·15 광복은 민족의 설움, 전쟁의 공포와 함께 굶주림과 중노동에서 벗어난 환희의 순간이기도 했다.

광주고보생들은 해방 직전인 1945년 7월 5일부터 1개월 동안 장성군 진원면의 초등학교를 숙소로 삼고 동원되었다. 육군이 담양군 대전면에 대치 비행장, 곧 담양 비행장을 건설하기로 했기 때문이다. 학생들은 공사의 시작이라 볼 수도 있는 담양 비행장 지반공사에 필요한 자갈을 채취하는 데 동원되었다. 이때 동원된 학생들의 기억을 정리한 『광주고 보 80년사』에는 당시의 실상을 다음과 같이 기록해 놓았다.

> 이때는 한 여름철이라 땀이 물 흐르듯 하여 아예 셔츠를 벗어부치고 일을 했는데 피부가 햇볕에 타는 바람에 밤에는 너무 쓰려서 교실 마룻바닥에 등을 댈 수 없을 지경이었다. 그러다가 모기에 시달려 잠을 설친 날이 하루이틀이 아니었다.

담양 비행장 건설에 동원된 사람은 학생들만이 아니었다. 광주 비행장 확장 공사 때처럼 주민들도 동원되었다. 일본군은 우선 담양 비행장을 방어할 포대와 탄약고를 설치하기 위해 1945년 2월경 지역 주민을 포함해 매일 300명가량을 강제동원하여 대전면 서옥리 환인마을 뒷산인 두봉산 중턱에 높이 2m 5cm, 넓이 약 2m, 깊이 60m가량의 굴 5개를 파고 비행기용 폭탄을 저장하였다. 이어 비행장을 방어할 고사포 진지를 설치하다 패전을 맞았다.

그런데 폭탄에 관한 소문은 해방 이후 20년이 지난 때에도 지역민 사이에 전해졌다. 마침내 한국 육군 폭발물처리반은 1967년 4월 실재 폭탄의 존재를 확인하였다. 폭탄은 250kg짜리 3개, 50kg짜리 13개, 15kg짜리 2개 등이 21년 전 그대로 상자에 포장되어 있었다. 다만 세월이 흘러 발견된 흔적을 놓고 왜 그곳에 그것들이 있었는지를 정확히 짚어 내는 사람은 오늘날까지도 없다. 기억은 기록을 남지지 않으면 사라진다는 당연한 진리를 보여주는 대목이다.

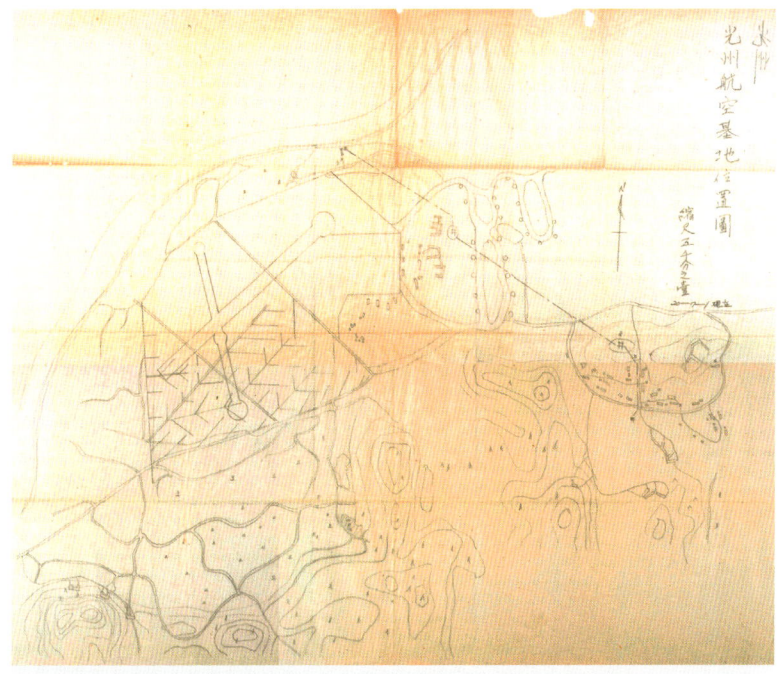

〈그림 4〉 광주 항공기지 위치도(1945.7.1)

– 출처: 일본방위성 방위연구소 사료열람실

광주 항공기지는 얼마나 컸을까?

1945년 8월 해방 시점에 일본 해군이 이용한 광주 항공기지의 현황을 정리해 보자. 하나는 일본군이 해방 직전에 작성한 '광주 항공기지 위치도(〈그림 4〉)'이다. 위치도는 2015년 필자가 발굴한 지도이다. 1/5000로 제작된 위치도는 활주로, 각종 건물, 엄체호라 불리는 격납고, 물탱크, 동굴의 모양과 방향 등이 표시되어 있다. 필자가 위치도를 가지고 이곳을 현지 조사한 경험에 따르면 각종 표시는 정확하여 남아 있는 동굴들의 위치와 방향을 확인하는 데도 큰 어려움이 없었다.

다른 하나는 패전한 일본군이 미 점령군에게 보고하기 위해 작성한 '진해경비부(鎭海警備府) 인도 목록-4. 광주 항공기지'이다. 진해경비부의 인도 목록에는 38도선 이남에 있던 8개, 곧 진해·제주·부산·영일·광주·여수·평택·옹진의 해군 항공기지 현황이 각각 정리되어 있다. 여기에 기록된 광주 항공기지의 전체적인 현황을 정리하면 〈표 4〉와 같다.

〈표 4〉 1945년 8월 시점에 일본군이 주한 미군에 보고한 광주 항공기지 현황

시설물 현황표

소재지	명칭	수량	가격	적요
전라남도 광산군	토지(土地)	1,100,000.000 연약평미(延約平米)	6,800,000.000	항공기지
	활주로(滑走路)	1,500.000미(米)	600,000.000	
	유도로(誘導爐)	9,000.000미(米)	980,000.000	
	유개엄체(有蓋掩體)	18개(個)	900,000.000	
	수도(水道)	1식(式)	300,000.000	
	수도(隧道)	5,470.000 연약평미(延約平米)	1,760,000.000	
	도로(道路)	1식(式)	400,000.000	
	수로부체(水路付替)	1식(式)	80,000.000	
	청사(廳舍)	2동(棟)	99,900.000	
	사관사(士官舍)	1동(棟)	80,000.000	
	병사(兵舍)	12동(棟)	660,000.000	
	공장(工場)	8동(棟)	565,000.000	
	전신소(電信所)	3동(棟)	495,000.000	
	병사(病舍)	2동(棟)	120,000.000	

창고(倉庫)	10동(棟)	177,000,000
부속가(附屬家)	5동(棟)	190,000,000
잡공작물(雜工作物)	38동(棟)	409,000,000
전기설비(電氣設備)	1식(式)	200,000,000
급수설비(給水設備)	1식(式)	150,000,000
계		14,965,900,000

병기군수품 일람표 광주기지

품목	수칭	수량	상태		기사(記事)
			양품(良品)	손품(損品)	
연습전투기(練習戰鬪機)	기(機)	2	1	1	
육상중간연습기(陸上中間練習機)	기(機)	5	1	4	
7·5리(糎)(cm) 야전고각포(野戰高角砲)	기(基)	6	6		
40모(粍)(mm) 연장기총(聯裝機銃)	기(基)	2	2		
7·7mm 선회기총(旋回機銃)	정(挺)	9	9		
7·7mm 고정기총(固定機銃)					
7·5cm 야전고사포 탄약포(野戰高射砲 彈藥包)	개(個)	1,852	1,852		
40mm 기총 탄약포(機銃 彈藥包)	개(個)				조사중
20mm 기총탄(機銃彈)	개(個)	9,000	9,000		
13mm 기총탄(機銃彈)	개(個)	22,000	22,000		
7·7mm 기총탄(機銃彈)	개(個)	6,985	6,985		
60천(瓩)(kg) 폭탄(爆彈)	개(個)	14	14		
250kg 爆彈(폭탄)	개(個)	200	200		

500kg 폭탄(爆彈)	개(個)	10	10	
수신기(受信器)	조(組)	4	4	
무선전신기(無線電信器)	조(組)	6	4	2
연요유자동차(燃料油自動車)	태(台)	2		2
어뢰차(魚雷車)	태(台)	3	3	
화물자동차(貨物自動車)	태(台)	1		1
기중기부자동차(起重機附自動車)	태(台)	1		1
살수자동차(撒水自動車)	태(台)	1		1
작업자동차(作業自動車)	태(台)	3		3
구호자동차(救護自動車)	태(台)	1		1
견인차(牽引車)	태(台)	1		1
소방삼륜차(消防三輪車)	태(台)	1		1
윤골유자동차(潤滑油自動車)	태(台)	2		2
기동자동차(起動自動車)	태(台)	1		1
대형승용자동차(大型乘用自動車)	태(台)	1		1
소형승용자동차(小型乘用自動車)	태(台)	2		2
항공91휘발유(航空91揮發油)	입(立)	70,000	70,000	
항공87휘발유(航空87揮發油)	입(立)	37,000	37,000	
항공광유(航空廣油)	입(立)	4,600	4,600	
알콜	입(立)	4,400	4,400	
석유(石油)	입(立)	4,300	4,300	
항공85휘발유(航空85揮發油)	입(立)	69,800	69,800	
항공80휘발유(航空80揮發油)	입(立)	7,000	7,000	
가스톨유(油)	입(立)	17,000	17,000	

광주 항공기지

사항(事項)	방향(方向)	장건(長巾)	상태(狀態)	구조(構造)	적요(摘要)
비행기지		1,800,000평미(平米)	비행기 발착 가능	장지전압사상(張芝轉壓仕上)[1]	소형기 사용 가능
활주로	남북 (南北)	1,000×40	사용 가능	마카담(マガダム) 鋪裝(포장)20cm[2]	
유도로		4,100×25	사용 가능	砂利敷轉壓(사이부전압)	

인접지역 상황: 분산 격납 불가능
보급시설
 1. 폭탄고 수도(隧道) 325,0평미(平米)
 2. 연료고 수도(隧道) 355,0평미(平米)
보급자료: 시멘트 보유량 150 톤

출처: 鎭海警備府,「北緯38度線以南に於ける 朝鮮航空基地調書」, 第2復員局『鎭海警備府引渡目錄』

    두 자료에 따른다면 광주 항공기지의 주요 시설은 활주로, 부대 건물 및 방공호(추정), 격납고, 탄약고, 연료고, 통신 및 전기설비 등이다. 〈그림 4〉의 위치도에는 이들 건물이 모두 표시되어 있지 않다. 하지만 〈표 4〉에 나오는 건물 동(棟) 수를 고려할 때 동굴을 건축물의 수량에 포함했을 것이다. 가령 공장, 전기설비, 전신소 등이 여기에 해당될 것이다. 또한 광주 항공기지는 비행사를 양성하는 교육기지였기 때문에 〈표 4〉에 7대로 나와 있듯이 비행기가 많지는 않았겠지만 정확한 규모는 알기 어렵다. 왜냐하면 9월 8일 미군이 인천으로 들어오기 이전인 8월 25일경 기지의 대원들이 모두 본토로 가버렸기 때문이다. 일본군 자체의 지휘체계도 무시한 초유의 사태가 벌어진 것이다. 더구나 이는 미군의 전후처리 방침

1 잔디 압축 마감
2 아스팔트 압축 포장

을 위반하는 불법 행위다. 그래서 미군 측의 요구로 몇몇 대원이 다시 항공기지로 돌아와 현황을 정리한 보고서를 제출해야 했다.

활주로는 일자형 모양의 형태로 소형기 이착륙이 가능한 정도였다. 해방 직후에는 비행장으로 이용되지 않다가 1948~1963년까지 군과 민간이 함께 사용하였다.

부대 건물 및 방공호는 5·18 기념공원 일대에 있었다. 광주 항공기지 지휘부가 있었던 곳으로 추정된다. 이곳과 좀 떨어진 곳에 엄체(掩體, 소형 격납고)가 있었다. 인도 목록의 '광주 항공기지' 항목에는 18개 엄체가 있었다고 기록되어 있지만, 광주 항공기지 위치도(〈그림 4〉)의 엄체 표시를 더하면 모두 24개이다. 하지만 오늘날 그 흔적이 남아 있지 않다. 통상의 비행장과 달리 분산 격납이 불가능하여 한 곳에 밀집되도록 건설한 점이 특징이다.

인도 목록의 광주 항공기지에 관한 보고서에 따르면 해방 당시 실제 비행기는 모두 7대가 있었다고 한다. 광주 항공기지는 비행사를 양성하는 훈련기지였지만 전쟁 상황에 따라 소형 전투기가 이착륙할 수 있는 곳이었다.

탄약고는 광주광역시 서구 월암마을 뒷산인 사월산에 있다. 탄약고로 이용한 동굴은 주민들의 증언과 달리 5개가 아니고 모두 3개였다. 사월산 정상에는 고사포대가 있었을 것으로 추정하나 2015년 필자가 답사했을 당시 그 흔적을 찾을 수 없었다.

연료고로 사용된 동굴은 모두 4개였다. 현재 광주학생독립운동기념회관 부지에 3개, 개인 사유지에 1개가 남아 있다. 광주학생독립운동기념회관 측은 2015년 조사를 기초로 3곳을 깔끔하게 정리하고 일반에 공개하고 있다. 일본군은 이곳에 항공91 휘발유, 항공87 휘발유, 항공 85 휘발유, 항공80 휘발유, 항공 광유(礦油), 알코올, 석유, 가스톨유(피마자유) 등을 패전할 때까지 비축해 두었다.

2021년과 2022년에 공개된 5·18 역사공원에 현존하는 동굴들은 용도를 정확히 특정하기 어려우나, 그중 하나는 전기설비를 두고 전신소로 이용했을 가능성이 높다. 한국군의 505보안대 부지에 있어 상대적으로 잘 보존되어 왔다. 주지하듯이 505보안대는 5.18민주화운동를 비롯해 광주 전남 지역의 민주화운동과도 매우 깊은 악연이 있는 곳이다. 한국근현대사 속에 흐르는 부(負)의 유산이 중첩되어 있는 공간인 것이다.

5·18 기념공원에도 여러 개의 동굴이 있었다. 동굴 앞에 건물이 있고 멀지 않은 곳에 활주로가 있으며, 동굴 뒤 쪽에 격납고가 있었던 점을 고려할 때, 이곳의 동굴은 지휘부 등이 사용하는 곳이었을 것이다. 1979년 상무대에서 병사로 복무한 증언자에 따르면, 최소한 1979년까지 한국군에서 이 동굴을 활용하였다. 필자는 이후 한국군에서 파괴하지 않고 매립한 것으로 추정한다.

광주 항공기지 위치도(〈그림 4〉)에 따르면 식수용 물탱크는 두 개였다. 2022년 4월과 9월 답사 당시 5·18 역사공원 인근에 위치하고 있는 광주가톨릭대학교 부지에 하나가 있고, 5·18 기념공원에 또 하나가 그대로 남아 있음을 필자가 확인하였다. 일본군은 오늘날 상무지구를 감싸며 흐르고 있는 영산강천(예전에는 극락강)에서 물을 끌어 올려 5·18 기념공원의 물탱크에 저장하고, 다시 그중 일부 물을 광주가톨릭대학교 내에 있는 물탱크에까지 공급해 사용하는 방식으로 운영했을 것이다. 특히 5·18 기념공원 맨 꼭대기에 있는 물탱크 위에는 상무대 시절 한국군이 설치한 '단성전'이 있다. 단단한 콘크리트 시설물을 부수지 않고 그것의 평평한 지반을 활용하여 그 위에 단군을 모시는 건축물을 설치한 방식이다. 필자는 이로 보아 5·18 기념공원에 있는 동굴들도 노동력과 비용 때문에 한국군이 부수지 않고 입구를 흙으로 매립한 것으로 추정한다.

2) 해방 후 광주 항공기지와 현대사

해방 이후 다양한 용도로 활용된 광주 항공기지

구 일본군 비행기지는 격동의 해방공간에서 매우 중요한 군사 기능을 수행하는 곳으로 바뀌었다. 일본군 군사 유적이 갖는 역사의 연속과 단절의 의미를 좀 더 알아보기 위해 광주 항공기지의 현대사를 간략히 서술해 보자.

패전 당시 일본군이 광주 사관구의 병력을 어떻게 이동시켜 귀환했는지 아직 알 수 없다. 다만, 광주 이외의 지역에 흩어져 있던 일본군은 일단 사관구 사령부가 있던 광주로 집결하였다. 사관구 소속 부대는 부산을 통해 일본으로 귀국했을 것이다. 앞서 언급한 김세원의 회고에 따르면, 일본군은 전쟁 수행을 위해 비축한 화물도 여수나 목포 등지의 항구를 통해 일본으로 일부 빼돌렸다.

미군이 광주 항공기지를 인수하였을 때는 1945년 10월 전라도 지역을 관할하는 제6사단이 진주한 즈음이었다. 이 사이 비행장을 누가 관리했는지는 확인되지 않는다. 광주 항공기지 부지는 미군 보병 제20연

〈사진 1〉 캠프 사익스와 활주로(1948.9.5)

- 출처: 미국국립문서보관청Ⅱ

대가 활주로 옆에 캠프를 설치하며 관할하였는데 부지 내에 땅을 소유한 조선인 지주들과 계약을 맺고 임대료를 지불하였다. 미군은 이곳을 캠프 사익스(Camp Sykes)라 이름 붙였으며, 광주 시내 다른 곳의 미군 주둔지를 통칭해 '캠프 광주'라 불렀다. 〈사진 1〉의 중앙에 보이는 퀸셋 건축물들이 모여 있는 곳이 캠프 사익스이다. 캠프 위쪽의 흰 줄처럼 나와 있는 것이 식민지 때 건설된 비행장 활주로다. 활주로 위쪽으로 영산강천(예전에는 극락강)이 보인다.

  미군은 통상 주요 기지가 있는 곳에 고유 명사를 붙이고, 그렇지 않고 특정 지역 여기저기에 주둔한 소규모 부대와 시설물을 망라해 캠프 광주

처럼 지역명을 붙이는 방식이었다. 이는 서울의 경우도 용산기지를 캠프 서빙고라 한데 비해, 영등포 지역의 부대는 캠프 영등포, 나머지 서울 지역의 미군부대를 통칭해 캠프 서울로 부르는 방식에서도 알 수 있다. 덧붙이자면, 일본군에서 미군으로 시설물과 부지가 이월되는 과정은 귀속재산의 처리 과정이지만, 한국 학계는 여기에 관한 문제의식도 연구도 전혀 없다. 때문에 한국 측은 21세기 현재 미군의 반환부지를 둘러싼 한미 갈등을 역사적이고 논리적으로 설명하며 접근하는 해법을 제시하지 못하고 있다.

다시 해방공간으로 돌아가 보자. 비행장 부지인 광산군 극락면 쌍촌리에는 1946년 2월 창설된 국방경비대 제4연대도 있었다. 4연대는 편성 초창기에 구 일본군 해군 예과련(豫科練)의 병영을 그대로 이용하다가 6개월 후 옛 일본군 숙소 옆에 새 건물을 지어 주둔하였다. 1948년 5월에는 제4연대의 상급 편제로 제5여단이 광주에 창설되었다. 제5여단은 미군이 철수하자 1948년 9~10월에 비행장 부지를 인수하였다. 미군과 한국군 교체기에 미군 고용인 등 일부 조선인이 비행장을 드나들며 여러 물건을 공공연하게 가져가기도 했지만, 관리를 맡은 제4연대는 곧바로 민간인 출입을 통제하였다.

1948년 11월 제4연대는 제20연대로 해체되며 개편되었는데 10월에 일어난 여순사건이 그 배경이었다. 여수 주둔 국군은 1948년 5월 일본군 수상기지 부지에서 창설된 제14연대로, 그 근간은 제4연대의 1개 대대 병력이었다. 그런데 제14연대에서 여순사건을 주도한 사람의 일부가 제4연대에서 차출된 대대와 관계되었다. 더구나 제4연대와 제14연대 모두 한자 '죽을 사(死)'와 음이 같은 숫자 '사(四)'여서 불길한 느낌을 준다

〈사진 2〉 상무대 일대에 있던 포로수용소(1952.1.24)

– 출처: 미국국립문서보관청 II

는 여론도 해체·개편의 이유였다.

1949년 5월 제5여단은 제5사단으로 확대되며 광주에 사령부를 두었다. 원래 제5여단은 1948년 경기도 수색에서 창설되었는데 이후 여단 주둔지를 이곳으로 이전한 후 사단으로 확대 개편한 것이다. 제5보병사단은 창설과 동시에 제20연대를 사단 예하 부대로 편입하였다. 그해 7월 백선엽이 사단장으로 왔다. 일본군이 조성한 부지 가운데 미군 또는 한국군에서 확보한 110만 평은 이제 이 지역 육군 보병부대의 핵심 공간이 되었다. 그런 가운데 미군은 광주 항공기지의 활주로를 주로 군용 비행장으로 활용하였다. 1949년 11월부터는 이곳에서 서울과 광주를 왕래하는 정기 여객기가 취항하였다.

이처럼 미군에게 귀속된 일본군 항공기지는 한국전쟁 전까지만 해도 공항 기능과 함께 광주·전남 지역의 미군 또는 한국군의 보병 부대가 주둔하고 이들을 지휘하는 지휘소가 있었다. 이곳의 비행장 기능은 1965년 1월 광산군 송정읍 신촌리에 비행장이 신설될 때까지 계속되었다. 신촌리의 비행장이 지금의 광주공항이다.

대한민국 육군 장교의 교육기지 상무대

일본군 광주 항공기지의 부지는 한국전쟁을 거치며 (포로)수용소, 장교 육성학교, 병사훈련소 등이 들어서며 크게 바뀌었다.

광주 항공기지의 부지에는 한국전쟁이 한창인 지리산유격대를 상대로 벌인 군사 작전 도중 체포한 대원과 지지자들 1만여 명을 수용하는 광주수용소가 1951년 12월부터 있었다. 한국 정부는 이들 가운데 귀순자 3천여 명을 고향으로 돌려보냈고, 일부를 전쟁포로로 간주하고 UN군에 인계하였다. 나머지 6천여 명 중 6백여 명을 제외한 5천 4백여 명이 이곳에 수용되어 있다가 1952년 5월 7일 비상계엄 해제에 따라 민간 법정에서 재판을 받았다.

또, 한국정부는 광주수용소와 약간 다른 포로수용소도 설치하여 운영하였는데 전쟁 중 체포한 공산군 포로를 수용하였다(〈사진 2〉).

1952년 8월 유엔군이 포로수용소를 다시 지정할 때 '상무대 제5포로수용소'가 되었다. 1953년 6월 논산·부산·부평·영천·대구의 포로수용소의 반공포로 2만 6천여 명을 석방할 때 이곳에서도 석방하였다.

〈사진 3〉 상무대 개소식에 참가한 이승만 대통령과 밴플리트 사령관(1952.1.6)

– 출처: 미국 NARA

　한국군 훈련센터, 곧 상무대도 있었다. 미군은 한국군의 역량을 신속하게 강화하는 방안의 하나로 전문 능력을 갖춘 장교를 육성하고자 센터 운영을 계획하였다. 이에 따라 미군은 한국군 교육총감부와 병과학교를 광주에 집결시키기 위해 1951년 8월 중순부터 제76공병대를 동원하여 학교를 건설하기 시작하였다. 한국군도 이에 동의하고 1951년 8월 1일 병사훈련소와 병과학교를 지휘·감독하는 교육총감부를 부산 동래에 설치하고, 10월에 이를 광주로 이전하였다. 이에 따라 부산 동래에 있던 보병학교, 진해에 있던 포병학교도 10월과 11월에 각각 광주로 이전하였다.

1952년 1월 6일 한국 정부는 육군의 종합교육기관인 상무대 개소식을 거행하였다. 이 자리에는 상무대란 이름을 명명한 이승만 대통령을 비롯해 주한 미국대사와 밴플리트 미 8군 사령관 등이 참석하였다(〈사진 3〉). 직후인 1월 17일 포병학교 졸업식도 거행하였다.

  이후 육군은 상무대에서 1952년 5월 기갑학교, 1957년 7월 항공학교, 1958년 9월 화학학교 등을 각각 창설하였다. 상무대는 1952년 창설 이래 1994년 장성군 사창으로 이전할 때까지 80만여 명의 장교가 교육받은 곳이었다.

  교육 기간 중 일제강점기에 만들어진 동굴이 훈련 장소로 이용되기도 했다고 한다. 직업군인으로 근무했던 상무2동 주민 송병복 씨에 따르면, 광주학생독립운동기념관에 있는 3개의 동굴은 1개 연대가 들어갈 수 있었으며, 이곳에서 1년에 몇 번씩 훈련하였고, 여름에는 굴속이 추워서 잠바를 입어야 했다고 한다. 비행기 연료 창고가 한국군 장교의 훈련장으로 바뀐 것이다.

5
여수권

여수에는 크게 보면 육군의 제17방면군 소속인 여수 요새사령부와 해군 소속의 여수 수상기기지가 있었다. 전자는 남해안 진출구인 여수항과 여수 수상기기지를 지키는 부대였다. 후자는 한반도에 있던 2개의 수상비행기지 가운데 하나로 남해안 연안 방어와 조선 해협을 지키는 부대였다. 그리고 이들 부대의 외곽에는 제17방면군 소속의 보병부대가 여수항과 그 주변을 에워싸는 형태로 배치되었다.

그럼 먼저 여수 요새사령부부터 살펴보자.

1) 여수 요새

여수 요새사령부의 역사와 부대들

목포가 광주·전남 서부지역의 대외진출지라면, 여수는 호남 동부지역의 대외진출지이자 일본과의 연결 통로였다. 제주도에서 본토 결전을 준비하는 부대들을 지원하기 위한 대형선박, 특히 목포항에 정박할 수 없는 크기의 선박들이 출항하는 곳이기도 했다. 여수항은 한반도에서 본토 결전이 일어나면 한반도의 내륙과 제주를 연결하는 목포항의 보완지이자 광주·전남 지역과 일본을 연결하는 연결점이었던 것이다.

원래 여수는 특별한 산업 시설이 있는 곳도, 군사적 의미가 부산만큼 컸던 지역도 아니었다. 하지만 아시아·태평양전쟁이 발발하자 조선 해협 방위의 요충지로 떠오른 곳이었다. 그래서 대본영도 여수 요새를 '조선 해협 계(系) 요새'라 부르는 쓰시마 요새, 진해만 요새, 이키(壹岐) 요새, 시모노세키(下關) 요새 등과 연계지어 방공계획을 수립하였다.

그러다 1945년 본토 결전을 대규모로 준비해야 하는 시점에 와서 여수의 군사적 가치가 급속히 커졌다. 일본군 입장에서 여수는 부산과 대구 지구의 좌측을 엄호하기에 유리한 지역일 뿐 아니라 전주·광주·목포가 미군에 점령되었을 때 공세를 취할 수 있는 발진기지이며, 미군이 여수를 통해 이 세 곳으로 진주할 수 있는 길목이었다. 그만큼 여수는 남부조선의 어느 쪽 방향으로도 군대가 진로를 선택할 수 있는 곳에 자리한 항구도시였다. 왜냐하면 여수는 제주와 부산, 목포와 부산의 중간 지점에 위치한 곳이기 때문이다. 일본군의 입장에서도 남해안 연안을 폭넓게 경계할 수 있는 곳이었다. 이에 따라 일본군은 여수가 남해안과 내륙 방어의 중요 지점이라는 전략적 위상에 주목하였다.

일본군은 1941년부터 여수에 본격적으로 주둔하기 시작하였다. 원래 일본군은 진해만, 함경남도 원산항 일대인 영흥만, 함경북도 나진 세 곳에 영구요새를 설치하여 운영해 왔다. 특히 진해만 요새는 1937년 당시

도쿄만 요새, 시모노세키 요새, 중국의 뤼순 요새와 더불어 최고 등급인 1등급 요새였다. 당시 일본군 요새는 모두 18개였고 서해안에 목포, 안면도, 인천, 백령도 등지에도 임시 요새가 설치될 예정이었다. 하지만 중일전쟁이 신속하게 끝나지 않고 확대되자 실제로 건설된 기지는 여수 요새뿐이었다.

여수 요새부대는 1941년 7월 7일 대본영의 '제101차 특임편 제1호'에 따라 여수 요새사령부, 여수 요새중포병대 및 기타 부대가 임시로 편성되면서 시작되었으며, 마산중포병연대의 책임 아래 7월 18일 자로 편성이 완료되었다. 여수 요새사령부는 9월 17일 현재 총인원 589명에 7두의 승마가 있었다. 여수 요새부대 가운데 방공대는 1941년 11월 20일 145명으로 부산에서 편성되었으며, 1944년 4월 19일 여수 요새고사포부대로 개칭되었다가 1944년 10월 부산에 있는 고사포 제151연대로 편제를 개정할 때 통합되어 1945년 2월 부산으로 복귀하였다. 일본군으로서는 항구의 군사적 중요성으로 치면 부산항이 여수항보다 월등했기 때문에 방어진지를 강화할 필요가 있었다.

여수 요새부대는 1944년 말 현재 여수 요새사령부, 여수중포병연대, 여수 요새방공대, 특설경비 제405·406·407부대, 제408특설경비공병대, 여수육군병원 등이 있었다. 이들 부대는 진해의 서쪽 연안항로를 안전하게 확보하는 임무를 수행하였다. 임무 측면에서 보면 여수 요새부대 가운데 항구 방어를 책임진 중포병연대가 핵심이었다. 물론 일본군은 여수가 전라선의 출발지여서 한반도와 대륙을 잇는 곳이라는 특징도 고려했을 것이다.

또, 가장 많은 병력으로 구성된 특설경비대는 1945년 들어 본토 결전을 서둘러 준비해야 하는 급박한 상황 속에 제주도로 파견되어 연안경비, 경계 및 비행장 건설 등을 담당하였다. 1945년 3월까지 제주도 방위는 여수 요새사령관이 맡았기 때문에 예하 부대를 제주도로 긴급히 파견한 것이다. 요새사령관의 제주도 방위 임무는 그곳의 일본 육·해군을 지휘하는 제58군이 4월에 편성되면서 해제되었다.

〈표 5〉는 1945년 8월 15일 당시 여수 요새부대의 병비를 정리한 것이다.

〈표 5〉 여수 요새부대 병비 개황(1945.8.15)

포대명	포 종류	문(門)	수비 병력			적요
			장교	하사병	계	
돌산제1	38식 야포	4	4	70	74	
	고사기관총	1				
돌산중앙	45식 24榴(류)	1	3	50	53	
돌산북	45식 15가	1	3	50	53	
돌산제2	38식 야포	4	4	70	74	
	고사기관총	1				
남해도	38식 야포	4	4	70	74	
	고사기관총	1				
계			18	310	328	

출처 : 朝鮮所在重砲兵聯隊史編纂委員會, 1998, 『重砲兵聯隊史』, セイコ産業株式會社, 280쪽.

여수 요새사령관은 1945년 5월부터 제17방면군의 지시에 따라 모든 포대를 동굴 진지에 수용하기 위해 조선인을 24시간 내내 동원하여 횡혈식(橫穴式) 진지를 구축하는 공사를 강행하였다. 여수 요새부대의 배치도를 개략적으로 그리면 〈그림 5〉와 같다.

〈사진 4〉 돌산도 제1포대가 있었던 곳. 맨좌측의 조그마한 돌출 부분에 포대가 있었다. 지금은 한국군 경비대가 주둔하고 있다.

ⓒ신주백

〈그림 5〉에서 확인할 수 있듯이, 여수항을 지키는 기본 방어선은 여수항 앞바다에 있는 돌산도와 남해도 사이의 포대였다. 상륙하려고 접근하는 미군을 양쪽에서 공격하겠다는 의도이다. 이렇듯 여수 요새는 전라남도 돌산도와 경상남도 남해도 사이에 위치하는 천혜의 자연조건을 이용해 구축한 방어진이지만 오늘날 그 흔적을 찾기는 쉽지 않다. 다만, 돌산도 남단에 있는 향일암 인근의 〈사진 4〉처럼 돌출된 곳에 포대가 있었을 것이다(〈그림 6〉 참조). 지금은 한국군 경비부대가 주둔해 있다.

〈그림 5〉에 나와 있듯이 돌산도에 연대본부가 있었던 이유는 상륙하는 미군을 저지하기 위해서였다. 필자가 2013년 연대본부와 막사들이 있던 여수시 돌산읍 평사리 계동마을을 답사했을 때는 그 흔적이 남아 있지 않았지만 주민들 사이에 전해 오는 말을 통해 현장을 확인할 수 있

었다. 또 여수 요새사령부의 고사포부대는 사선으로 표시된 지점에 있는 여수 수상기지와 여수항을 공습하는 미군을 방어하는 임무를 맡았다.

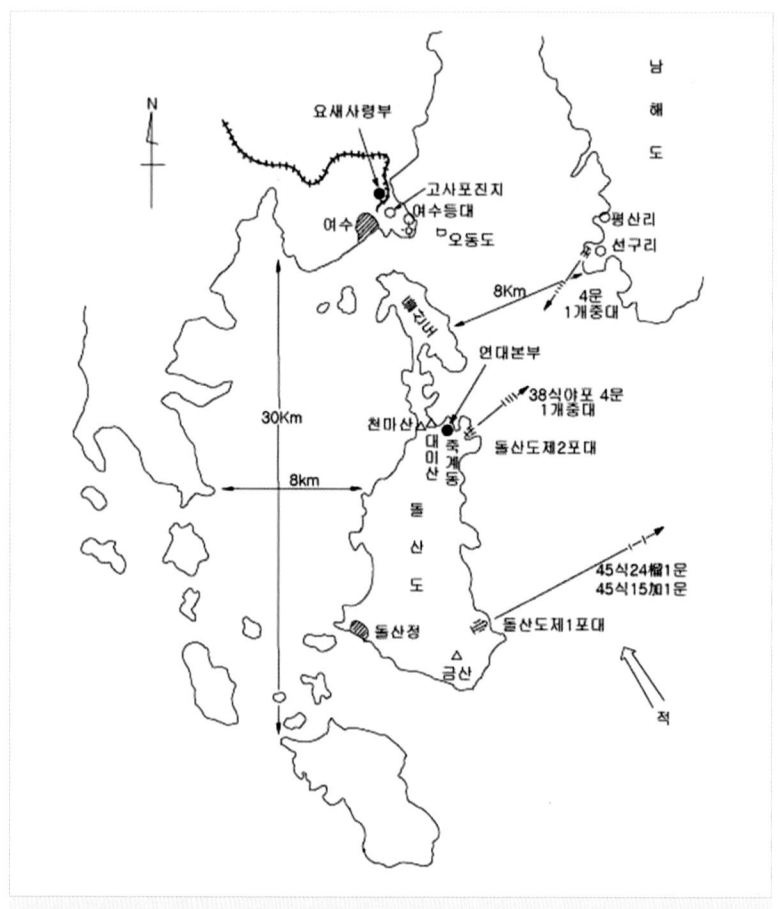

〈그림 5〉 여수 요새 배치도
- 출처: 朝鮮所在重砲兵聯隊史編纂委員會, 1998, 『馬山 永興灣 羅津 麗水 重砲兵 聯隊史』, セイコ産業株式會社, 280쪽.

2) 요새의 흔적들

여수 요새의 흔적은 경상남도 남해도와 여수시 자산공원과 돌산도에서 확인할 수 있다. 전체 흔적을 지도에 표시하면 〈그림 6〉과 같다.

여수 요새의 흔적은 2013년 현장 조사와 현지 주민의 증언으로도 확인되었다. 여수 요새사령부는 공화동의 여수중학교에 있었고, 고사포 진지는 종화동의 자산공원에서 그 흔적을 발견할 수 있었다(〈사진 5·6〉).

여수항 방어는 고사포 진지가 후미를 담당했다면, 돌산도에 산재한

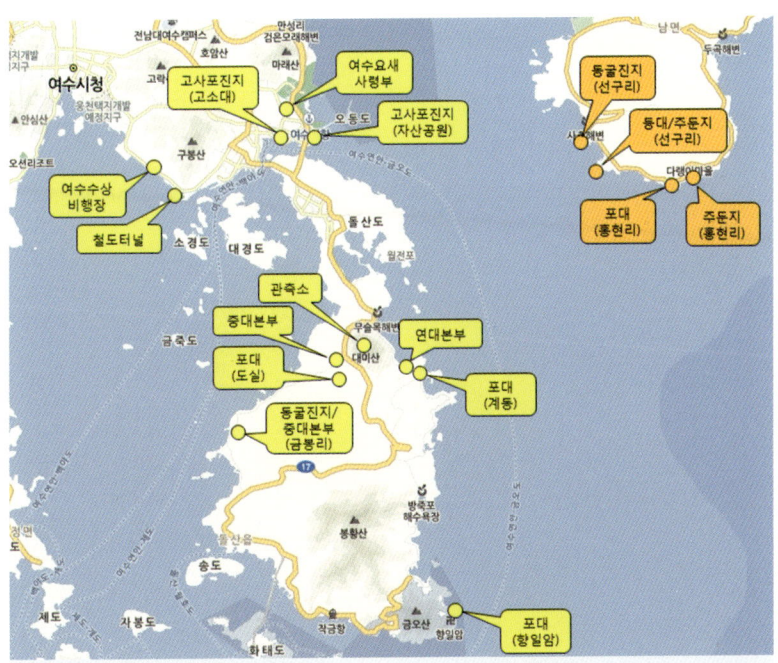

〈그림 6〉 여수 요새 시설지 흔적 위치도

- 출처 : 『태평양 전쟁 유적(부산·경남·전남 지역) 일제조사 연구용역』, 문화재청, 2013, 209쪽.
朝鮮所在重砲兵聯隊史編纂委員會, 1998, 『馬山 永興灣 羅津 麗水 重砲兵 聯隊史』, セイコ産業株式會社, 280쪽.

〈사진 5〉 여수 요새 고사포 진지 위치와 흔적(자산공원 내 고사포 진지 위치)

ⓒ 신주백

〈사진 6〉 여수 요새 고사포 진지 위치와 흔적(고사포 포대 흔적)

ⓒ 신주백

시설물들이 여수항의 전방을 담당하며 하늘과 바다로 들어오는 미군을 상대하였다. 포병부대가 집중적으로 주둔한 돌산도, 지금의 여수시 돌산읍에는 율림리(〈사진 7〉), 평사리 계동마을(〈사진 8〉·〈그림 7〉), 평사리 도실마을, 항일암 등지에 포진지가 있었고, 금봉리와 평사리 대미산(〈사진 9·10〉·〈그림 8〉)에서 동굴 흔적이 있다.

2013년 필자가 조사할 때 촬영한 관련 사진은 다음과 같다.

〈사진 7〉 율림리 포대 흔적

ⓒ신주백

〈사진 8〉 계동마을 해안포 진지의 돔형 구조물 흔적

ⓒ신주백

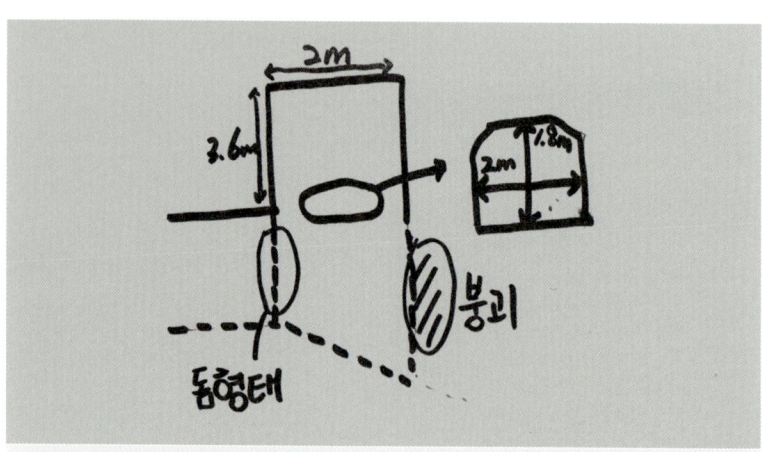

〈그림 7〉 계동마을 해안포 진지 평면 및 입면도

ⓒ김종헌

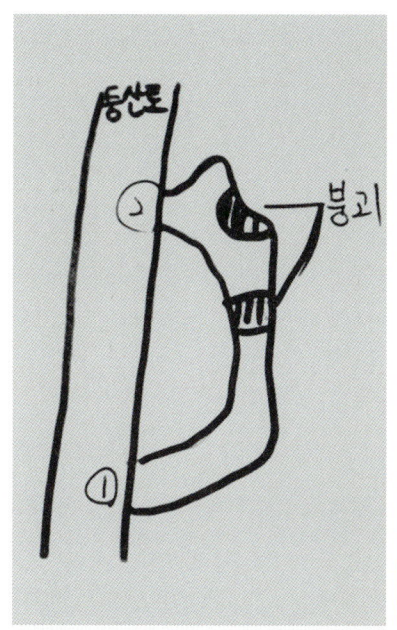

〈사진 9〉 대미산 동굴진지 출입구 ②, 좌측이 굴착지
ⓒ신주백

〈그림 8〉 대미산 동굴진지 평면도
ⓒ김종헌

〈사진 10〉 대미산 동굴진지 출입구 ①
ⓒ신주백

3) 해군 수상기기지의 역사와 흔적

건설 계획과 동원 및 현황

오늘날 행정구역상 여수시 신월동은 있지만 마을은 없다. 일제강점기에 여수 수상기기지가 들어서면서 마을이 사라졌기 때문이다. 해방 후 기지가 있었던 곳은 옛 한화케미칼 여수공장과 그 앞에 신월로라는 큰 도로로 바뀌었다. 〈그림 9〉에서 보이는 곳이 바로 여수항의 대표적인 일본군 시설지인 수상기기지였다.

〈그림 9〉 여수 수상기기지 위치

- 출처: Google.

한반도에서 일본 해군이 사용한 수상비행장은 진해와 여수에 있었다. 1936년에 조성된 진해의 수상기기지는 아시아·태평양전쟁이 일어나자 한때 수상정찰기 부대에 함상공격기 부대까지 운영한 곳이었다. 이에 비해 여수 수상기기지는 애초에 두 개의 활주대, 곧 육지와 바다를 연결하는 콘크리트 길을 건설하려고 계획했지만 하나만 완성되었다.

여수 수상기기지는 길이 210m에 폭 100m의 콘크리트 활주대, 길이 1000m에 폭 200m의 자갈을 깔아[砂利敷(사이부)] 만든 유도로, 덮개가 있는 엄체 5기(基), 2기의 활주대(臺), 44동의 공장 및 숙사, 각종 시설물 등 전체 면적 2500km^2에 건설되었다. 이외에도 지휘소, 연료고, 탄약고

등 여러 시설물도 있었으며, 오늘날에도 일부가 남아 있다. 현존하는 엄체는 2기이며, 활주대는 1대이다.

여수 수상기기지를 건설하는 데 많은 주민과 학생들이 동원되었다. 광주고보와 광주농고 학생들은 1945년 1월 20일부터 한 달 동안 추운 겨울 바닷가의 매서움에 떨어야 했다. 동원된 학생들은 살을 에는 듯한 매서운 바닷바람과 제대로 먹지도 못하며 혹독한 노동에 시달렸던 당시를 노년이 되어서까지 생생하게 기억하며 기록으로 남겼다. 학생들은 동원 기간에 여수 시내로 외출할 때, 광주로 돌아갈 때 딱 두 차례만 세수할 수 있었다고 한다.

남아 있는 흔적들

한국화약 부지에 일부 시설물이 남아 있지만, 지금은 여수 수상기기지 전체 모습과 바다에 착륙한 수상비행기가 활주대와 유도로를 따라 격납고까지 끌고 가는 말의 모습을 상상할 수 있는 어떤 흔적도 남아 있지 않다. 왜냐면 착륙장과 인접한 일대의 간척으로 지금은 그 흔적을 찾아보기 쉽지 않기 때문이다. 또 도로 개설로 많이 훼손되었기 때문이다.

그래도 그나마 남아 있는 시설물과 흔적을 찾아 몇 가지 추론을 해보자. 우선 외곽에서 보면 수상비행기 유도로와 활주대를 상상할 수 있는 흔적이 있다. 〈사진 11〉 우측의 도로가 신월로이다. 간척하고 넓은 도로를 건설하는 과정에서 여수 수상기기지의 활주대가 크게 훼손되고 유도로가 없어졌다. 다만, 〈사진 12〉의 도로에서 유도로의 흔적을 찾을 수 있으며, 썰물일 때 바다와 연결된 활주대의 파괴된 흔적을 〈사진 11〉의 바닷가 쪽 콘크리트에서 조금은 볼 수 있다.

〈사진 11〉 사진 중앙의 바닷가 쪽 돌출 부분이 활주대다.
ⓒ신주백

〈사진 12〉 철조망 왼쪽은 한화, 우측은 간척지다.
ⓒ신주백

〈사진 13〉 한화케미칼 정문
ⓒ신주백

〈사진 14〉 탄약고
ⓒ신주백

〈사진 13〉은 한화케미칼 정문 앞 여수사거리이다. 정문 주변은 해방 후 한국군 제14연대의 창설지이자 주둔지였다. 정문 우측에 있는 탄약고는 5개의 문이 있으며 내부는 서로 연결되어 있다(〈사진 14〉). 동굴의 중앙 부분은 넓고 높게 만들어져 있는 점으로 보아 특정한 용도를 염두에 두고 건설된 공간일 것이다. 1926년 이 마을에서 태어난 최만섭 씨의 증언에 따르면 이곳은 여순사건, 한국전쟁 때 인민군과 한국군이 지휘소로 사용했고, 이후에는 방공호로도 이용되었다고 한다.

한국화약 부지에는 두 개의 엄체호가 남아 있다. 하나는 흙으로 덮여

〈사진 15〉 비행기 엄체호
ⓒ신주백

〈그림 10〉 엄체호의 내부
ⓒ신주백

〈사진 16〉 한화에서 창고로 이용하는 엄체호
ⓒ신주백

〈사진 17〉 굴뚝
ⓒ신주백

〈사진 18〉 무기저장고(추정)
ⓒ신주백

〈그림 11〉 무기저장고(추정)(단위: m)
ⓒ신주백

있어 그 형체를 쉽게 알아볼 수 없고(〈사진 15〉), 다른 하나는 2013년 당시 한국화약에서 창고로 쓰고 있었다(〈사진 16〉, 〈그림 10〉). 또 〈사진 17〉처럼 용도를 정확히 알 수 없는 공장의 거대한 굴뚝도 있었고, 탄약고로 보이는 건물은 방치된 채 그대로 남아 있었다(〈사진 18〉, 〈그림 11〉).

6

목포권

 목포는 광주·전남 서부지역의 대외진출지다. 1897년 개항한 이래 전라남도 지역의 물자와 인력이 일본으로 가는 통로였다. 동시에 제주도와 배편으로 연결할 수 있는 최고의 근접 항구였다. 더욱이 서남해안의 경계에 있으면서 호남선의 기착점이었다. 호남선은 대전에서 경부선과 연결되고, 경부선은 경의선을 통해 중국과 연계된다. 한마디로 베이징에서 목포까지 기차로 이동할 수 있다. 주지하듯이 기차는 대규모 물자와 인력을 안정적으로 이송할 수 있는 가장 효율적인 수단이다. 일본군은 1945년 들어 제주도에 방어진지를 서둘러 구축하는 데 목포의 이러한 입지 조건을 적극 활용하였다.

1) 한반도 본토 결전의 연결점, 목포와 섬의 기지들

목포, 한반도 본토 결전의 핵심 연결지점

목포는 여수와 달리 1944년까지도 일본군의 특별한 군사 시설이 있던 곳이 아니었다. 아시아·태평양전쟁을 일으킨 이후 요새를 건설하고 수상기기지를 조성한 여수와 달리, 1944년까지도 목포는 일본군의 군사행동과 큰 연관이 없는 지역처럼 보였다. 하지만 전황이 일본에 불리해지면서 한반도의 전략적 가치가 높아지자 목포의 위상도 달라지기 시작하였다.

1944년 12월 말 일본군 방위총사령부는 앞서 언급한 '조선군 축성계획'을 수립하고, 제주도·목포·여수 일대에 선박의 항해와 정박에 필요한 엄호기지를 조성하기로 결정하였다. 군사 작전에 필요한 목포의 지리적 이점에 주목하기 시작한 것이다. 이듬해 2월 대본영에서 본토 결전을 결정하자 목포권의 군사 가치는 확실히 바뀌었다. 앞의 〈그림 2〉에서처럼 일본군은 목포 일대도 미군이 상륙할 수 있는 곳으로 간주하였다. 이때 목포의 군사 가치는 제주도와의 연계성 확보에 있었다. 일본군 대본영은 미군이 오키나와를 점령하면 이후 규슈와 제주도를 가장 선호할 북상 루트로 예상하였다. 한반도에서 미군이 가장 먼저 상륙할 지점을 제주도로 예상한 것이다. 1945년 5월 오키나와전투에서 일본군의 패배가 명확해질수록 그러한 예측은 확신으로 바뀌었다.

하지만 제주도는 미군의 대규모 상륙에 대응하는 준비가 전혀 되어 있지 않은 곳이었다. 제주도는 1944년까지 주둔 병력이 1천여 명 정도에 불과한 곳이었다. 본토 결전의 하나로 제주도를 진지화해야 할 일본으로

서는 턱없는 시설과 병력이었다. 그런데 1945년 8월 일본이 패전할 당시 제주도에는 약 7만 5천 명의 병력이 있었다. 6개월도 안 되는 사이에 거의 75배나 늘어난 것이다. 대본영의 지시에 따라 중국과 조선에서 부대를 신속하게 재배치한 결과였다. 이때 병력과 물자를 제주도로 수송하는 핵심 전진기지가 여수와 더불어 목포였다.

목포는 한반도에서 본토 결전에 대비하는 최전선인 제주도와 대륙을 연결하는 최적의 장소였다. 일본군 입장에서 목포는 군사 시설이 있어서라기보다 연결 기능을 확보할 수 있는 공간이었다. 이 때문에 일본군은 목포 앞쪽 섬들에 경비초소나 포대를 설치하고, 접근해 오는 미군 함정을 저지할 소형선박의 비밀 정박지인 주정(舟艇) 기지 설치에 치중하였다.

더구나 제17방면군은 제주도를 중심으로 대미작전을 전개할 방침을 정한 이상 목포지구에 군사 시설을 더욱 서둘러 설치할 수밖에 없었다. 호남지방 가운데 목포와 더불어 군산 지구는 유수 제20사단을 중심으로, 제주도는 유수 제30사단을 중심으로 진지 작업이 강행되었다. 본토 결전을 결정한 이후에는 부대를 개편하면서 제150사단의 책임 아래 목포에 본부를 둔 특설경비 제464대대와 특설육상근무 제109중대, 제36 야전근무대 등이 건축과 경비, 물자 이송을 담당하였다. 〈그림 12〉는 건설된 군사 시설과 부대 배치의 전체적인 현황을 말해준다.

〈그림 12〉 따르면 목포항을 기점으로 서남해안의 자은도·비금도, 남해안의 가사도·어불도·추자도·노화도·거문도 등지에 주정 기지 또는 진지가 있었다. 지도에 표시된 '선단 항로'는 군사기지 사이를 지나며 목포·여수·부산·본토와 연계되었다. 해남반도를 통해 일부 미군이

〈그림 12〉 목포지구 방어 요약도
- 출처: 「朝鮮に於ける戰爭準備」, 宮田節子 編·解說, 『朝鮮軍槪要史』, 附圖 第1其/1.

상륙하면 목포로 직진할 수 있다고 보고, 여기에 1개 대대를 배치하였다. 목포항을 지키려는 일본군의 의지를 확인할 수 있는 배치이다.

목포항과 화물 수송을 지키는 해안 기지

일본군은 목포가 한반도 서남단의 유일한 항구로서 갯벌이 멀리 퍼져 있어 항(港) 이외에는 상륙하기 매우 곤란하므로 항구의 중요성을 군사적, 지리적인 관점에서 더욱 부각해야 한다고 판단하고 있었다. 방어에 매우 유리한 곳이라는 점을 새삼 주목한 것이다. 달리 말하면 일본군이 제주도와의 연계성을 확보하는 거점으로서 목포항이 갖는 특별한 장점을 발견한 것이다.

　일본군은 목포항을 지키기 위해 여수처럼 항구 뒤쪽 높은 지대, 곧 목포의 상징인 유달산에 고사포 진지를 구축하였다. 현역 면제를 받았다가 '뿌리뽑기동원'으로 모든 보충병이 징병될 때인 1945년 목포 시내로 동원된 정익모 씨는 이와 관련해 다음과 같이 증언하였다.

> 다른 사람들 다 섬으로 끌려가서 일하는데 우리는 목포 유달산 근처에서 굴 파는 작업하다 가끔 산 위에 올라가서 대공포 알지, 대공포, 그거 쏘는 연습도 하고 했어! 근데 우리 부대 주 업무는 굴 파는 거였어.… 그리고 얼마 안 있다가 우리도 고하도로 들어가서 거서 굴 파다 해방돼서 집에 왔어.

　유달산 근처의 동굴이 어디를 말하는지 모르겠지만, 노적봉에는 '방공호'가 남아 있다. 이곳은 군사 목적도 있었지만, 전투가 벌어지면 동굴에서 행정을 볼 수 있을 정도로 넓다. 길이가 85m이고, 출입구가 3개나 되니 단순히 대피용으로만 만든 것 같지 않다. 유달산에 올라가 대포 연습을 했다고 하니, 방공포 연습이었을 것이다. 바다와 하늘로 들어오는 적으로부터 항구를 지키기 위한 고사포부대의 운영은 여수 요새처럼 당연한 전력 배치였다.

　목포항을 지키는 고사포부대는 목포항 후면에만 있지 않았다. 목포항에서 직선거리로 2km 떨어진 고하도에도 있었다. 전남 광양시의 박창후 씨는 고하도의 고사포병이었다. 그는 당시를 다음과 같이 회상하였다.

내가 목포 인자 고하도란디가 있는데, 거서 고사포병으로 있었어. 거서 인자 내가 B-29 아는가? 내 그거 요격하는 임무를 맡아서 있었어.… 딴 사람들은 바닷가서 굴 파는 작업할 때 우린 섬 욱에서 감시하는 거야! 근디 난 B-29 한 번도 못봤어.… 근디 바닷가서 작업하던 이들은 매도 맞고 하데. 우리랑은 틀린가 했는데 다들 군인이고 조선 사람이라 하더라고.

고사포부대의 존재도 중요하지만, 고하도의 일본군 시설의 핵심은 주정 기지였다. 일본군은 목포항을 방어하고 제주도를 비롯해 남서해안에서 선박의 운항을 위해 연안의 섬들에도 여러 주정 기지를 만드느라 집중하였다. 일본군은 1944년 10월 '조선군 축성계획'에서 목포 일대에 '선박항행 또는 박지(泊地)를 엄호하는 임시포대를 구축하고, 그 포대를 엄호하는 동시에 상륙 방어를 위한 보병 2개 대대분 축성'을 계획한 대로 밀어붙였다. 그리고 '소형 주정에 의한 연안항로대(沿岸航路帶) 설정을 목적으로 목포·여수·제주도 사이에 주정 기지 공사를 실시'하였다. 이때 소형선박인 상륙용 주정으로는 장거리 항해가 어려웠으므로 조선인을 강제동원하여 거문도와 추자도에 중간 기착하는 주정용 동굴진지를 추가로 굴착하였다. 일본군은 이렇게 함으로써 군수물자를 목포와 여수까지 육로로 수송한 뒤, 야음을 틈타 상륙용 주정으로 미군의 감시와 방해를 피해 제주도까지 신속하고 안정되게 옮길 계산이었다.

통상 일본 육군의 상륙용 주정은 소형(소발동정)과 대형(대발동정)으로 구분되는데, 소형은 10.7m의 길이로 병력 30명 또는 화물 3톤을 수송할 수 있었다. 대형의 경우는 길이 14.8m, 폭 3.3m로 병력 70명 또는 11톤의 화물을 탑재할 능력을 갖추었다. 과달카날전투(1942.8~1943.2)에서 미군에게 제공권을 빼앗겨 수송선 피해가 늘자 야간에 주정을 투입한게 시초였다. 일본군은 각 지역에서 주정을 활용한 수송 작전을 시도하였다.

주정 기지를 설치한 또 다른 이유는 목포지구 방어를 위해서였다. 이를 위해 일본 해군은 주정 기지를 목포항에 가장 인접한 고하도를 비롯해 거문도, 추자도, 어불도, 노화도, 비금도, 자은도 등지에 설치하였다(〈그림 12〉). 또 해남군 연안 지역에도 대규모 병력을 배치하였다. 이를 위해 제17방면군은 1945년 2월 제2차 병비 증강을 단행하면서 목포지구에 제150사단(독립야포병 1개 대대 증강)을 파견해 목포·법성포 지구 연안 방어 임무를 부여하였다. 또 거문도, 추자도, 가사도, 비금도, 자은도 등지에도 병력을 배치하였다. 거문도와 추자도는 남해안을 통해 올라올지도 모르는 미군 함정에 타격을 가하기 위해 활동하는 주정을 엄호하는 기지를 두었다. 자은도와 가사도는 미군 함정이 서해안 쪽에서 목포항으로 접근하지 못하도록 수로(水路)를 폐쇄하는 임무를 맡았다. 비금도는 동중국해 방면의 하늘에서 접근하는 항공기를 경계하는 임무를 담당하였다.

그럼, 연안에 흩어진 섬들의 주정 기지에 대해서는 '연안 일대 섬들의 주정 기지'라는 주제로 마지막에 살펴보고, 먼저 오늘날 목포시에 있는 군사 유적부터 살펴보자.

시내 방공호와 고하도 주정 기지

유달산에서 일본군 고사포 진지 흔적을 발견했다는 보도나 주장은 확인할 수 없었다. 하지만 유달산과 인접한 곳에 방공호가 있고, 목포항 건너편 고하도에는 주정 기지가 있다. 모두 군사 유적으로 남아 있다.

이 유적들의 위치를 지도에 표시하면 〈그림 13〉과 같다.

〈그림 13〉에 나오는 목포시의 군사 시설로는 동굴과 주정 기지가 있다. 동굴은 목포시 대의동의 구 목포부청 청사 뒤쪽과 유달동의 유달초등학교에 있다. 구 목포부청 청사는 원래 을사늑약 이후에는 한국통감부 목포이사청으로, 강제병합 이후에는 목포부청으로 사용된 건물이

〈그림 13〉 목포항과 군사 유산
- 출처: 『태평양 전쟁 유적(부산·경남·전남 지역) 일제조사 연구용역』, 문화재청, 2013, 297쪽.

〈사진 19〉 구 목포부청 방공호. 좌측 계단 위는 일왕의 초상화를 보관한 봉안전 터.
ⓒ신주백

〈사진 20〉 유달초등학교 방공호 입구. 1980년대 촬영. 출입구 2개 연결됨.
출처: 『태평양 전쟁 유적(부산·경남·전남 지역) 일제조사 연구용역』

다(〈사진 19〉). 해방 이후에도 목포시청, 목포시립도서관, 목포문화원 등으로 활용되다가 1981년 사적 제289호로 지정되었다. 유달초등학교는 1898년 목포 거주 일본인 자녀들의 학교인 목포심상소학교로 개교하여 지금에 이르고 있다(〈사진 20〉). 방공호의 좌우측 벽면의 절반 높이까지는 콘크리트로 깔끔하게 처리되어 있으며, 나머지 부분은 자연석 그대로이자만 돌출부위를 잘 다듬어 놓아 위험하지 않았다. 동굴의 규모로 보아 당시 소학교 학생들 전부를 수용하기에 충분한 공간임을 추측할 수 있다.

〈그림 12〉에서 위치를 확인할 수 있듯이 목포항과 마주하는 곳에 고하도가 있다. 지도에서 추측할 수 있듯이 고하도는 지금도 목포항의 방파제 역할을 하고 있으며, 가장 높은 곳이 77m에 불과하지만, 나무가 우거져 있다. 섬 전체를 놓고 보면 산지가 대부분이며 북동사면은 비교적 경사가 급하고, 남서사면은 완만해 농경지로 이용하고 있다.

이곳에는 바닷물이 들어올 수 있는 곳에 동굴이 있는 경우도 있고(〈사

〈사진 21〉 원형과 직사각형 주정 기지
ⓒ신주백

〈사진 22〉 섬 정상 부근에 있는 동굴 내부
출처: 『일제시기 조선 내 군사시설 조사: 전남 서남해안 일대 군인동원을 중심으로』

진 21〉, 〈그림 13〉), 섬 정상 부근에 동굴이 있는 경우도 있다(〈사진 22〉, 〈그림 13〉). 전자가 주정 기지로 사용됐다면, 후자는 앞서 인용한 박창후 씨의 증언처럼 고사포부대 등 섬에 상주한 부대가 사용하고자 했다고 여겨진다. 동굴 내부는 'ㅡ'자형, 'Y'자형, 'U'자형이 있으며, 남북방향으로 50m 길이의 관통형 동굴도 있다.

고하도의 경우는 목포에 집적된 군수물자를 제주도로 수송하는 주정을 은폐·엄폐하기 위한 기지로 추정된다. 목포항을 향하고 있는 동굴 입구는 〈사진 21〉처럼 원형과 사각형이다. 사각형 주정 기지의 경우 상부로 갈수록 좁아지는 아치형 구조가 아니라 평아치형에 가까워 상륙용 주정에 맞춰 설치된 것으로 여겨진다.

고하도 동굴 작업은 1945년 들어 실시된 '뿌리뽑기동원'의 일환으로 실시된 대규모 병사노무동원 때 동원된 사람들이 맡았다. 충남 서산 출신으로 1945년 1월 신체검사 후 3월에 고하도로 강제동원된 김종태 씨는 당시 동원 과정을 다음과 같이 진술하였다.

일본군대에 입대하기 전날 면에서 환송회를 해 주었다. 난 당시 소학교 선생이기 때문에 군에 입대하지 않아도 됐지만, 아버지가 관료 출신이라 을종을 받았다 해도, 학교 선생이라 해도, 군에 가야 한다 해서 입대하게 됐다. 어머니가 해 주신 센닌바리를 두르고 면서기의 안내를 받아 같은 면 사람 3인과 서산군으로 갔다. 거서 일본 군인의 인솔하에 대전으로 이동하여 목포까지 열차를 타고 내려갔다.… 목포중학교로 입소하여 거기서 한 달 정도 기초군사훈련을 받고 고하도로 끌려갔다. 고하도에서 갖은 노동을 하고 해방이 되어 집에 올 수 있었다.

고하도 동굴 작업에 강제동원된 주해진 씨의 증언에 따르면, 일본 군인 1명의 감시를 받으며 하루 3인 1조 2교대로 작업에 동원되어 하루에 2~3m씩 삽과 괭이로 파고들어 가는 작업을 하였다.

2) 육군의 무안 1, 2 비행장

목포권의 대표적인 군사 유산 가운데 하나는 무안군 망운면과 현경면, 곧 오늘날 무안국제비행장과 현경면에 있었던 제1·2비행장 활주로와 연관된 엄체호·방공포 진지 흔적일 것이다.

망운면의 비행장은 지금의 무안국제공항이 있는 자리이다. 무안군 주민들은 두 비행장을 목포 비행장과 무안 비행장이라고도 하고, 망운 비행장으로 통칭하거나 망운 비행장과 현경 비행장으로 구분해 말하기도 한다. 활주로가 두 개였기 때문이다. 광주 항공기지처럼 주활주로와

〈사진 23〉 무안 비행장 엄체호

ⓒ신주백

보조활주로 개념이 아니라 주활주로를 두 개 건설하려 한 점이 특징이다. 일본 육군 자료에는 비행장 소재지를 목포로 통칭하기도 하고, 목포와 망운이 동시에 기록되어 있는 경우도 있다. 필자는 당시 행정 명칭을 따라 무안 비행장이라 지칭하며 이 글을 써 왔다. 목포권이지만 목포 비행장이라고 하기에는 목포시와 많이 떨어져 있기 때문이다. 더구나 한국 해군이 사용하고 있는 목포 비행장은 목포항 건너편에 있다. 따라서 목포 비행장이라 하면 일본군 비행장과 혼동할 수도 있을 것 같다.

무안 비행장은 1943년부터 일본 육군에서 조성한 비행장 중 하나이다. 다른 지역의 비행장은 보조활주로를 포함해 'X'자 모양으로 건설하는데, 이곳은 주활주로 두 개를 서북에서 남동 방향으로 나란히 병렬한 '11'자 모양이다. 1945년 이전에 건설된 식민지 조선의 비행장 가운데서도 같은 사례를 찾아보기 어려운 모양이다. 망운면의 비행장은 당시에 제2활주로로 불렸으며, 폭 150m, 길이 1,500m로 먼저 완성되었다.

제1활주로는 망운을 기준으로 북쪽, 곧 지금의 현경면에 있었는데 폭 120m, 길이 1,800m로 건설을 거의 마무리하던 중 일본의 패망으로 공사가 중단되었다. 이때 쌍발기종의 경폭기가 있었다. 현지 주민들의 증언에 따르면 망운면 묵서리 묵북에 있었던 무안남소학교 옆에 비행장을 관리하는 연대본부가 있었다고 한다. 그리고 현경면 평산4리 유수정 마을 인근에는 엄체호를 건설하는 공병대가 주둔했다고 한다. 현재 남아 있는 엄체호들로 미루어보면 가로 15~20m, 길이 14~16m, 높이 3m 내외의 타원형이었을 것으로 추정한다. 〈사진 23〉처럼 망운을 기준으로 지금은 거의 땅에 파묻힌 엄체호 6개, 크게 파손되어 일부만 확인할 수 있는 방공포대의 진지가 있다.

광주 비행장 확장 때도 그랬지만, 무안 비행장 건설에 수많은 조선인이 동원되었다. 무안군민뿐 아니라 1943년에는 인근의 나주군에서도 강제동원되었다. 심지어 전국 곳곳에서 많은 사람이 동원되어 그들을 상대로 밥도 해 주고, 하숙도 한 경우가 있었다고 한다. 제2활주로를 공사할 때 망운면 피서리 조산마을에서는 전국에서 동원된 사람들의 기거를 위해 방이 2개 이상이면 1개을 제외한 전부를 동원된 사람에게 반드시 내줘야 했다고 한다. 또 비행장이 황토밭이어서 노무자들의 옷이 아침에 들어갈 때는 하얗지만, 나올 때는 붉게 되었으며, 그래서 비가 올 때 마누라 없이는 살아도 장화 없인 살 수 없다는 말이 나올 정도로 주변이 벌건 진흙탕으로 바뀌었다고 한다.

연안 일대의 섬에 구축된 진지와 강제동원

내습하는 미군기를 감시하는 엄호기지였던 비금도 사례를 짚어보자.

〈그림 14〉 비금도 주변의 지형. 외해(外海)를 감시하기 쉽다.
- 출처: 『태평양 전쟁 유적(부산·경남·전남 지역) 일제조사 연구용역』

〈사진 21〉 비금도 전파경계기 진지. 정상부의 암반을 절개, 돌담을 쌓고 반지하형으로 건설한 흔적이 있다.
ⓒ신주백

〈사진 22〉 포진지에서 조망한 서해
ⓒ신주백

비금도의 위치와 전파경계기 진지는 〈그림 14〉와 〈사진 24·25〉와 같다.

일본군은 비금도에 전파경계기를 설치하면서 엄호를 위해 삼척에 배치되어 있던 유수 제20사단 소속의 산포(山砲) 1개 소대를 목포지구 비금도로 이동시켰다. 남해와 서해 일대에서 활동하는 미군 잠수함이나 비행기에 관한 정보 수집도 겸한 배치였다. 산포는 산악과 같은 험한 지형에서 운용이 쉽도록 제작한 소형·경량 화포를 말한다. 일반 야포에 비해 분해·조립이 수월하여 말 또는 인력으로 운반할 수 있다. 일본군이 운용한 산포는 여러 종류가 있으나, 가장 널리 사용된 모델은 94식 산포(75mm)였으므로 비금도에도 같은 종류의 산포가 배치되었을 것이다. 일본군 포병중대는 4문 편제였기에 비금도에 배치된 산포병 1개 소대는 1문을 갖추었을 가능성이 크다.

전파경계기 부대는 내월리 마을회관 인근의 논에 막사를 짓고 주둔했는데, 해방 후에는 초등학교로 개조해 오랫동안 사용했다고 한다. 주민들은 당시 일본군이 설치한 우물을 '학교샘'이라고 불렀는데, 지금도 남아 있는 우물터로 주둔지 위치를 확인할 수 있다. 당시 포진지와 발전소 등의 시설물이 있던 유적지도 특정할 수 있다.

비금도보다 더 규모 있게 구축된 진지가 남아 있는 곳이 자은도다. 자은도에서 확인된 동굴은 모두 20여 개로 'U'자형이며, 동굴들 중간 지점에는 남북으로 관통하는 굴이 하나 있다. 아울러 동굴을 보호하고 해안을 지키기 위한 토치카와 포진지도 있다.

자은도 동굴의 특징 중 하나는 모두 산의 7부 능선을 타고 뚫었다는 점이다. 서해안을 따라 목포항으로 진입하는 미군의 움직임을 차단하는 데 필요한 여러 용도로 활용할 수 있는 시설물과 그에 따른 배치로 볼 수 있다. 또 다른 특징은 육군과 해군이 필요로 하는 시설 모두를 짓는 대규모 공사에 병사노무동원 이외에 근로보국대 형식으로 섬 주민뿐 아니라 외지인까지 동원된 점이다. 자은도 주민인 서길순 씨에 따르면, 다이너마이트 같은 폭발물을 사용할 때는 군인이 직접 들어가 작업을 했지만, 돌이나 자갈을 운반할 때는 근로보국대로 동원된 사람들에게 중노동을 시켰다고 했다. 그러면서도 "하루에 세 끼도 안 줘! 집에서 도시락 싸서 다니라고 해! 밤낮 할 거 없이 일만 시켰다고. 군인들이 총 들고 감시해서 도망도 못 가"라고 증언하였다.

병사노무동원 이외에 지역 주민과 함께 외지인까지 동원한 경우는 해남군 어불도 동굴 공사장에서도 확인된다. 어불도는 어랑 앞바다에서 약 1km 떨어진 곳으로 선단의 항로를 지키는 한편, 해남반도에 배치되어 미군의 상륙에 대비한 보병부대와 협력할 수 있는 요충지이다. 그래서 일본군은 동굴을 만드는 데 군인과 민간인을 모두 동원하였다. 어불도에 군인으로 동원된 윤장현 씨에 따르면 다이너마이트 작업은 자은도와 마찬가지로 군인들이 담당했고, 민간인 동원자는 돌이나 자갈 운반 등 단순한 육체노동 임무를 매일매일 완수해야 했다고 한다. 다른 지역과 마찬가지로 중노동과 허기짐의 연속이었다. 윤장현 씨의 회고가 이를 말해준다.

> 1945년 일본은 패망을 앞두고 징병 대상자 중 을종 대상자를 대거 투입하여 1개 소대, 20인 1조, 1일 2교대로 일본군 고병(古兵, 재향군인) 1명의 감시하에 삽과 괭이로 1일 할당량을 파게 했어. 하루 작업량을 채우지 못하면 배급도 주지 않았고, 일만 시켰어. 당시 우리 소대에서 도망하다 잡힌 사람이 있는데 아주 많이 맞았어. 그 사람 해남 사람이었는데 아마 죽었는지도 몰라. 우리가 섬에서 해방 맞고 나올 때까정 그 사람을 본 사람이 없어.

이들은 일이 끝나면 추위도 막지 못하는 좁은 천막에 20명이 들어가 이

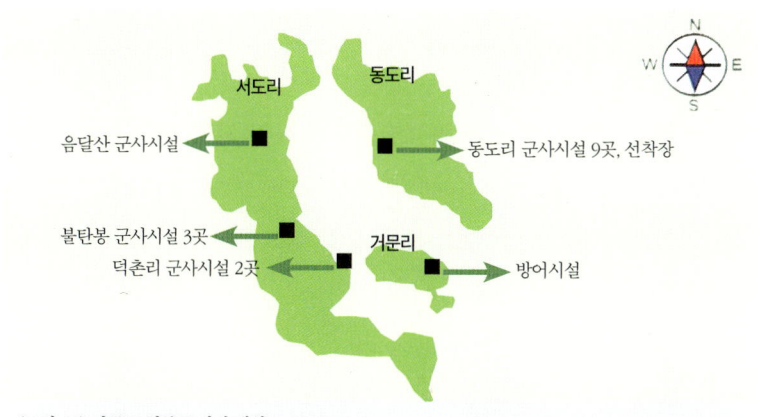

〈그림 15〉 거문도 일본군 시설 개황
- 출처: 일제강점하 강제동원 피해 진상규명위원회, 2006, 『거문도 군사 시설 구축을 위한 주민 강제동원에 관한 조사』, 17쪽.

불도 없이 짚이 깔린 바닥에 누워 중노동의 고통과 허기짐을 달래야 했다.

강제동원의 양상이 조금 달랐던 곳은 거문도였다. 거문도는 여수와 목포 그리고 여수와 제주도의 중간 지점에 있다. 본토 결전을 위한 진지 구축에서 목포·여수·제주도를 한 축으로 보고 계획을 추진하던 일본군은 세 거점의 중앙에 있는 거문도를 중시할 수밖에 없었다. 거문도에는 해안과 산 중턱에 동굴, 토치카 등이 있었으며, 육군의 통신시설과 해군의 비행정 계류 시설 흔적이 남아 있다. 이를 지도에 표시하면 〈그림 15〉와 같다.

일본군은 계획한 시설물과 시설지를 하루빨리 완성하기 위해 마을 주민과 외지의 광산전문가를 동원하였다. 다른 섬에서 한 것처럼 발파 작업은 군인이나 외지에서 온 전문가가 하고, 주민은 돌과 자갈을 날랐다. 외지에서 온 전문가란 황해도와 경북 칠곡, 경남 통영 등지의 광산에서 일하던 수백 명의 광산노동자였다. 광산별로 동굴을 뚫었다. 주민은 두 가지 형태, 곧 마을에서 20명씩 순번으로 한 달에 모두 합쳐 5일 정도 동원된 형태와 열흘을 작업주기로 하여 기술자들이 발파 작업을 하는 5일간 휴식하는 형태로 동원되었다. 이때 동원 단위가 애국반이었다. 연안의 여러 섬에서는 보기 쉽지 않은 작동 방식이었다.

7
패전과 해방 - 일본으로, 집으로

 이상으로 1945년 본토 결전 방침에 따라 광주·전남 지역에 배치된 일본군의 현황과 그들이 조선인을 강제동원하여 진지를 구축하는 움직임을 살펴보았다. 이때 광주·전남 지역의 생활권역과 일치하는 일본군 배치 상황을 고려하여 광주권, 목포권, 여수권으로 나누어 권역별 현황과 특징을 이해하려고 하였다.

 광주·전남 지역에 구축된 일본군 시설 중 건축물은 거의 남아 있지 않다. 일본은 근본적으로 숙소와 같은 건축물에 많은 예산을 들일 여력이 없었다. 본토 결전을 위해 일본군이 역점을 둔 시설물은 동굴을 중심으로 한 진지구축, 육·해군 비행장 관련 시설의 신설 및 확장이었다. 그래서 광주·전남 지역에 흔적이라도 남아 있는 일본군 관련 군사 유적은 대부분 동굴과 비행장이다. 이들 중에는 보존하고 기억해야 할 군사 유산도 꽤 있다. 그곳은 또한 한국현대사와 깊게 연관된 장소였다.

1945년 8월 패전한 일본군은 문서를 불태웠어도 그때까지 건설한 시설물을 파괴하지는 못하였다. 그들은 미군의 지침에 따라 무장을 해제하고, 질서정연하게 귀환하였다. 주한 미군이 기록한 정보보고서에 따르면, 일본군은 무장해제와 귀환 과정에서 미군의 지침에 협조적이었던 데다 한국인과의 마찰로 치안을 불안정하게 만들지 않았다. 심지어 일본군 가운데는 패전을 받아들이지 않고, 상황을 제대로 파악하지 못한 채, 지배자의 허위의식을 드러낸 군인도 있었다. 이래저래 일본군은 상처받지 않는 패전 군대였던 것이다. 한반도의 일본군은 연합국의 군대와 싸우지 않아 전쟁의 고통과 참혹함을 직접 체험할 기회도 없었으며, 식민지 조선의 지배자로 군림한 채 종전 상황에 처한 군대였기에 식민지 조선인의 고통과도 거리가 아주 멀었다. 북위 38도선 이북의 일본군을 시베리아로 보낸 소련군과 달리, 38도선 이남의 주한 미군은 극히 소수의 전쟁 범죄자를 제외하면 패전한 가해자를 포로로 취급하지도 않은 채 가급적 서둘러 일본으로 보냈다.

　광주·전남 지방의 일본군의 귀환 과정은 용산이나 제주도의 일본군처럼 명확히 밝혀진 바가 없다. 여수 요새와 여수 수상기기지의 부대, 광주사관구 소속 부대, 제150사단 소속 부대 등 광주, 전남지방의 일본군이 어디에 어떻게 모였는지, 무장해제를 했다면 무기를 어디에 반납했는지, 어디로 이동해 배를 타고 귀국했는지 등이 명확하지 않다. 다만, 미군정 정보보고서에 따르면 광주 전남 지역의 최상급 부대 단위인 광주 사관구, 제150사단, 여수 요새의 지휘부가 있는 곳에 각각 집결하였다. 이들은 다른 대부분의 일본군처럼 기차로 이동해 미군이 지정한 부산항을 거쳐 후쿠오카로 귀환했을 것이다. 아주 편안하게.

물론 해방의 기쁨을 만끽하고 있던 조선인에게 무장해제를 당한 드문 경우도 있다. 광주에서 화순으로 파견 나와 주둔하던 일본군 10여 명은 광주로 복귀하는 과정에서 능주치안대에게 무장을 해제당하고 기차나 차를 이용하지 못한 채 걸어서 귀대하였다.

이런 와중에도 일본군은 식량과 광목을 대형 선박이 정박할 수 있는 여수항으로 옮겨 일본으로 가져가려고 하였다. 이것이 실패하자 미군이 오기 전까지 목포항을 이용해 광주의 물자를 일본으로 몇 차례 실어 날랐다.

한편, 일본군에 동원된 조선인 가운데 작업장에서 해방을 맞은 민간인이나 병사노무동원된 조선인 병사들은 각자 귀가하였다. 섬에 흩어져 중노동에 시달리던 병사들의 귀환 과정은 좀 독특했다. 고하도에 노무동원된 충청북도 청주 출신인 송재섭 씨의 이야기에서 특이점을 발견할 수 있다.

> 해방되던 해에 일본놈들한테 끌려 목포로 갔어.… 고하도에서 노동하고 있는데 갑자기 중대장이 "너희는 이제 집에 가야 한다. 짐 꾸려라!" 그래서 작은 고깃배를 며칠간 타고 목포로 나왔어. 목포유달학교로 왔는데 다른 섬에서 온 사람들도 같은 얘기를 했어.… 일본군 장교(당시 중대장)가 운동장에 몰아 놓고 "우리는 다시 온다. 그때까지 기다려라." 그래서 해방된 줄 알았지. 그래 목포서 걸어서 집에 왔어.… 어찌나 부모님이 반가워하던지….

이처럼 '뿌리뽑기동원' 때 강제 노동에 혹사당한 조선인들은 섬에서 나와 각자 귀가하기도 했지만, 일단 목포에 집결했다가 해산 후 귀가한 병사들이 많았다. 병사노무동원된 조선인들은 통제 받지 않은 채 조금씩 다른 과정을 거쳐 집으로 돌아갔다. 또한 북위 38도선 이남의 일본군은 패전한 가해자임에도 그에 합당한 처벌을 받지도 않고 평화롭고 안정된 환경에서 일본으로 돌아갔다.

반면에 피해자들은 아무런 보상도 받지 못한 데다 강제동원 과정에서 강요당한 굶주림과 학대로 인한 상처를 가슴에 안고 집으로 돌아가야 했다. 이후에도 이들에게 치유받을 기회가 주어진 적이 없었다. 그래서 지금은 지역 사회 구성원 모두에게 역사의 상처로 남아 있다. 이들이 동원되어 만든 시설물 가운데 남아 있는 일부라도 구성원들이 기억할 수 있는 기념공간으로 만드는 노력도 역사의 상처를 치유하는 접근 방식의 하나다. 그러기 위해서는 시설물의 흔적에 관한 아카이브를 구축하고 역사적 맥락을 짚어냄으로써 장소성을 드러내며 이야기가 될 수 있게 해야 한다.

참고문헌

1. 자료

- 「光州航空基地」, 『鎭海警備府 引渡目錄 3/3』
- 「本土作戰記錄 第5卷 第17方面軍」, 1946.10 調製(1949.4 複製)
- 「第17方面軍」, 『昭和20年 部隊行動表』
- 「朝鮮師管區部隊」, 『昭和20年 部隊行動表』,
- 留守業務部, 「在朝鮮陸軍航空部隊行動槪況(1952.1.25)」 외

- 미국 NARA 사진

2. 보고서

- 『일제시기 조선 내 군사시설 조사: 전남 서남해안 일대 군인동원을 중심으로』, 일제강점하강제동원피해진상규명위원회, 2008.
- 『거문도 군사시설 구축을 위한 주민 강제동원에 관한 조사』, 일제강점하강제동원피해진상규명위원회, 2006.
- 『태평양전쟁 유적(부산·경남·전남 지역) 일제조사 연구용역』, 문화재청, 2013.
- 『광주학생독립운동기념관 내 일제강점기 동굴 추정시설물 연구조사 결과 보고서』, 광주광역시교육청, 2015.

3. 저서, 논문

- 신주백, 2021, 『일본군의 한반도 침략과 일본의 제국운영』, 동북아역사재단.
- 정혜경, 2014, 『우리 마을 속의 아시아태평양전쟁 유적-광주광역시-』, 선인.
- 신주백, 2003, 「1945년 한반도에서 일본군의 '본토결전' 준비」, 『역사와 현실』 49.
- 신주백, 2009.4, 「1945년도 한반도 남서해안에서의 '본토결전' 준비와 부산·여수의 일본군 시설지 현황」, 『軍史』 70.
- 防衛廳 防衛硏修所 戰史室, 1976, 『戰史叢書 海軍航空槪史』, 朝雲新聞社.
- 防衛廳 防衛硏修所, 1968, 『戰史叢書 大本營陸軍部〈10〉』, 朝雲新聞社 외.

찾아보기

45항공 지구사령부 30
5·18 기념공원 48, 60~62
5·18 역사공원 8, 48, 61
505보안대 61

• ㄱ •

결7호작전 20, 22, 25, 28
결호작전 20
광농근로보국대(光農勤勞報國隊) 52
광주 비행장 33, 36, 49, 50, 52, 54, 97
광주 항공기지 13, 41, 42, 46~51, 55, 56, 59~62, 65, 66, 95
광주 해군항공대 50, 51
광주공항 66
광주사관구 27, 39~41, 104
광주수용소 66
광주학생독립운동기념회관 13, 14, 48, 60
국방경비대 제4연대 64
금호 비행장 15, 49
김대중컨벤션센터 47

• ㄴ •

능주치안대 105

• ㄷ •

단성전 62
담양 비행장 15, 51, 53, 54
도내 동원 33, 35, 52, 53

• ㅁ •

마산중포병연대 71
무안 1(현경) 비행장 42, 50, 95
무안 2(망운) 비행장 42, 50, 95
무안국제공항 50, 95
밀양 비행장 49

• ㅂ •

병사노무동원 34, 35, 94, 99, 100, 105
본토 결전 11, 12, 17, 19~22, 24, 25, 27, 29, 31, 35, 37, 40, 51, 70, 71, 86, 87, 101, 103
부산 시민공원 8, 9, 15
부산 해운대 비행장 49
뿌리 뽑기 동원 35

• ㅅ •

사천 비행장 49

상무대 13, 46, 47, 61, 65~68
상무대 제5포로수용소 66
상무지구 8, 14, 15, 36, 46~48, 61
선단 항로 87
수원 비행장 14, 33

• ㅇ •

여수 수상기기지 15, 44, 45, 69, 74, 79~81, 104
여수 요새사령부 38, 44, 69, 71, 74, 75
여순사건 64, 82
연락위원회 24
오무라 항공대 51
용산 국가공원 8
울산 비행장 49
원산 항공기지 29, 30, 51
유수 제20사단 37, 87, 98
유수 제30사단 37, 87
이즈미 해군항공대 50

• ㅈ •

전파경계기 98, 99
제14연대 64, 82
제150사단 25, 38~40, 43, 87, 91, 104
제160사단 39, 44
제17방면군 22~24, 26~29, 31, 33, 38, 39, 42, 44, 51, 69, 72, 87, 91
제17방면군 사령부 22, 23, 31
제20연대 26, 62, 64, 65
제4연대 64

제53항공사단사령부 31
제5보병사단 65
제5여단(한국군) 64, 65
제5항공군 31, 32, 42
제6항공군 31
조선 해협 계(系) 요새 70
조선군 축성계획 37, 86, 90
조선군관구 사령부 23, 24, 28, 33, 42
조선군관구 23, 29, 39
주정 기지 38, 87, 90~92, 94
지리산유격대 66
진주 비행장 49
진해만 요새 70
진해요항부 24

• ㅋ •

캠프 광주 63
캠프 사익스(Camp Sykes) 63

• ㅎ •

한국전쟁 13, 66, 82
행정의 철저한 간소화 24

일제침탈사 바로알기 27
광주·전남 지역 여기도 침략전쟁의 흔적이 그렇게 많아?

초판 1쇄 발행   2023년 12월 27일

지은이   신주백
펴낸이   이영호
펴낸곳   동북아역사재단

등 록   제312-2004-050호(2004년 10월 18일)
주 소   서울시 서대문구 통일로 81 NH농협생명빌딩
전 화   02-2012-6065
홈페이지 www.nahf.or.kr
제작·인쇄 청아출판사

ISBN   979-11-7161-029-7   04910
         978-89-6187-482-3   (세트)

• 이 책은 저작권법으로 보호를 받는 저작물이므로 어떤 형태나 어떤 방법으로도 무단전재와 무단복제를 금합니다.
• 책값은 뒤표지에 있습니다. 잘못된 책은 바꾸어 드립니다.